Gedenken und Gedanken

Die Idee, nach Texten zu suchen, wie sie in diesem Buch versammelt sind, kann einem wohl erst kommen, wenn man mit zunehmendem Alter, öfter als einem lieb sein kann, Trauerfeiern beigewohnt und deren Rednern zugehört hat. Es gibt Redner, die, vom Bestattungswesen gestellt, ihren einmal entworfenen tränentreibenden und sprichwortverzierten Standardtext wie eine Folie über die Biographie des jeweils Dahingeschiedenen legen. Es gibt diese Berufsredner, auch Geistliche, aber sicher in unterschiedlicher Qualität, und viele Menschen sind beim Abschiednehmen auf sie angewiesen. Es gibt jedoch auch Reden, die, weil mit jedem Wort allein für den toten Freund, Kollegen oder Angehörigen gedacht und gesprochen, einmalig sind. Ich spürte, wo ich solche hörte, immer den Wunsch, sie nachzulesen, und ich fand, daß sie es wert sind, einer Öffentlichkeit zugänglich gemacht zu werden, die größer ist als der Kreis der Teilnehmer an einer jeweiligen Trauerfeier. So entstand diese kleine hier vorgelegte Sammlung, die, weil sie nicht nach einem System »beschafft« wurde, nicht danach befragt werden kann, wer in ihr und wer in ihr nicht vertreten ist.
Die Reden gelten in vielen Fällen Menschen, die man gemeinhin Personen der Zeitgeschichte nennt, aber auch weniger prominenten Zeitgenossen der jüngeren und jüngsten Geschichte. Im begrenzten zeitlichen Rahmen geht es dennoch quer durch sich ändernde Zeiten und durchs jeweils zeitgemäße, sozusagen dazugehörige Denken: Hoffnung und Zweifel, Illusion und Enttäuschung, Ahnung

und Bestätigung, Überzeugungstreue und Resignation. Wie immer sie gedacht haben, sind die, von denen hier die Reden sind, des Gedenkens wert.

Mit fünfzig weiß der Mensch, daß er, von Ausnahmen abgesehen, mehr vom Leben hinter als vor sich hat. Das kann er gut verdrängen, wenngleich er beginnt, in Todesanzeigen nach den Jahrgängen der Verstorbenen zu schauen und in aller Stille verfolgt, wie sie sich im Schnitt seinem eigenen nähern. Wenn ihn dann im vorgerückten Alter der Verlust naher Menschen trifft, rückt, was in seinem Unterbewußtsein schon immer schlummerte, ins Bewußtsein vor: der Gedanke an die eigene Sterblichkeit, auch dann, wenn er glaubt, ihn ignorieren zu können. Es beginnt, in einem bestimmten Lebensalter eine Gewöhnung an die und eine Versöhnung mit der Gewißheit, daß alles Leben begrenzt ist. Vielleicht weil die Erinnerung an massenhaftes Sterben und Töten in Kriegszeiten sich hierzulande verflüchtigt, geht die Gesellschaft heute, wie die Literatur schon immer, mit diesem Thema offener und selbstverständlicher um. Meine Zeitung kündigt eine Sonderseite »Tod und Trauer« an, eine deutsche Ausstellung zu diesem Thema wird unter dem beziehungsreichen Titel »Last minutes« veranstaltet, eine Sendefolge im Fernsehen beschäftigt sich mit dem Jenseits und nennt sich auch so.

Nur wenige Beispiele, aber Zeichen, wozu man auch dieses Buch rechnen kann, für ein öffentliches Interesse. Das fragt freilich auch nach dem Danach. Ist der Tod das Ende oder ist er der Anfang von etwas? Zunehmend werden darauf Antworten in anderen als der christlichen Religion gesucht. Es scheint, als hätte Wilhelm von Humboldt recht gehabt mit dem, was er an eine Freundin schrieb: »In allen Menschen liegt die Ahnung, jenseits des Grabes die wiederzufinden, die vorangegangen sind, und die um sich zu versammeln, die nach uns übrigblieben.«

In seiner Trauerrede für Heiner Müller erzählt Alexander Kluge von seinen Gesprächen mit dem Dramatiker im Krankenhaus. Müller habe von der Schwerkraft der Toten gesprochen und gesagt, daß es ein Irrtum sei, daß die Toten tot sind. Aus einem Interview, das Hans-Dieter Schütt mit Kluge führte, erfährt man, was der todkranke Heiner Müller auf die Frage, ob er sich eine Wiedergeburt oder sonstige Tröstungen vorstellen könne, erwiderte: »Ja, es könnte schon sein, daß Tote nicht tot sind, aber sie werden gedächtnislos sein. Und dann ist es eigentlich egal.« Nun, fest steht, niemand weiß Genaues. Aber auch in diesem Buch finden sich Reden, zumal von Geistlichen, deren unbeugsamer Glaube an die Ankunft des Menschen nach dem Tode bei seinem Erlöser im Jenseits von Atheisten nur mit Respekt und vielleicht auch mit etwas Neid zur Kenntnis genommen werden kann.

Bei allem, was die Redner an diesbezüglichen Gedanken anbieten, muß nun aber doch gesagt werden, daß die Texte dieses Buches mehr vom Leben der Toten als vom Totsein handeln. Manchmal wird der Leser auf Namen, Begriffe oder Andeutungen stoßen, zu denen er gern eine Erläuterung hätte. Ich hielt es jedoch für unpassend, derartige Reden mit Fußnoten zu versehen, zumal das Verständnis dessen, was gemeint ist oder gemeint sein könnte, kaum darunter leidet.

Ich bedanke mich bei allen, die mir Manuskripte ihrer Reden überlassen bzw. den Nachdruck bereits veröffentlichter Texte gestattet haben.

Horst Pehnert, November 2000

JOHANNES BOBROWSKI

Dieser Dichter blieb ein Unvollendeter. Johannes Bobrowski starb am 2. September 1965. Er war 48 Jahre alt. Der Dichter Stephan Hermlin sprach an seinem Grab in Berlin.

Stephan Hermlin
DIE SPRACHE DIESES MANNES AUS TILSIT

Bei Johannes Bobrowski, den wir begraben, gab es keine poetische Entwicklung. Er gehörte nicht zu denen, die ein zögernder, tastender Anfang zum Finden der eigenen Stimme, zu höheren Leistungen führt. Er begann sofort, und zwar nicht mehr ganz jung, als ein großer Dichter; ihm blieb, zu unserem Unglück, nicht viel Zeit, einer zu sein.
Die Sprache dieses Mannes aus Tilsit, dunkel, kräftig, gleichzeitig von vertracktem Humor und unbezwinglicher Melancholie, streckt ihre edlen Wurzeln hin bis zu Klopstock und Hölderlin, Sturm und Drang, Büchners »Lenz«. Seine Gedichte, sein Roman »Levins Mühle« handeln von dem Boden, aus dem er stammte, von den Leuten, die dort lebten und starben. Ein kleineres Talent als er hätte sich in muffige Heimatdichtung und bornierten Nationalismus verloren oder auch sich umgesiedelt in unproblematisch-gängigeres Milieu. Das ganz Neue bei Bobrowski bestand in der Umwertung einer geschichtlichen Landschaft. Seine Gedichtbände heißen »Schattenland Ströme« und »Sarmatische Zeit«. Aus historischen Fernen dröhnt der Hufschlag schweifender Völker, das Geläut der Glocken von orthodoxen Kirchen und das Heulen des Schofar aus niedergebrannten Synagogen. Ein endloser, unaufhaltsamer Ostwind jagt durch diese Dichtung. In ihr treffen Juden und Litauer, Polen und arme Deutsche aufeinander, vereinen sich gegen ihre Unterdrücker, werden von ihnen besiegt. Ein Terrain, über dem so lange unreine Stimmen geherrscht hat-

ten, war plötzlich von dieser gelassenen, halblauten Stimme erfüllt.

Johannes Bobrowski erklärte sich nicht für Brüderlichkeit: seine Dichtung war brüderlich. Ihr dämmerndes Licht schien einer langen Nacht voraus oder einem ungewissen Tag. Ihr obstinates Parlando war der Widerhall des Herzens, das nun verstummte.

BRIGITTE REIMANN

Sie starb am 20. Februar 1973 über der abschließenden Arbeit an ihrem Roman »Franziska Linkerhand«. Sie hat nicht mehr erleben können, wie der Erfolg dieses Buches ihr Lebenswerk krönte. Brigitte Reimann wurde nur 40 Jahre alt. Ihr Schriftstellerfreund Helmut Sakowski fand für sie Worte des Abschieds.

Helmut Sakowski
AUSKOSTEN DIE ZEIT, DIE EINEM BLEIBT

Brigitte hat uns oft überrascht – aber als ich sie das letzte Mal im Dezember im Krankenhaus besuchte, hatte sie ein kleines Wunder vollbracht. Es war, als blühe sie wieder auf, als habe sie die Krankheit besiegt, für längere Frist jedenfalls. Zwei Jahre wollte sie noch leben, sie war guter Dinge, sie arbeitete wieder, beschimpfte ein Bandgerät, das man ihr gebracht hatte; damit verstehe sie nicht umzugehen und bringe wie gewohnt kritzelnd zu Papier, was ihr einfalle, zwei Seiten in der Woche, immerhin – der Roman vollende sich. Sie plante für die Zukunft, Fühmanns Arbeit faszinierte sie, sie wollte versuchen, Ovid nachzuerzählen, sobald der Roman beendet ist. Drei Kreuze.
Sie fragte nach den Kollegen, was macht der und der, was gibt's für Neuigkeiten, was begibt sich in der Welt. Nichts Lustiges aus dem Verbandsleben? Gar keine Skandale? Erzähle! Sie ließ sich gern erheitern und lachte herzlich, wie früher, ihr dunkles Lachen. Tastete, ein wenig geniert, nach der Perücke, die im Lachen zu verrutschen drohte. Verlangte nach dem Spiegel, denn sie war bis zuletzt von rührender Eitelkeit.
Sie hatte ein Wunder vollbracht, wollte man glauben, nur zu gern, ihr Zustand war jedenfalls so gebessert, daß sie Weihnachten nach Haus durfte, sie hatte Sehnsucht nach ihrer kleinen Wohnung, nach den schönen Dingen, die sie dort angesammelt hatte, die Bilder, die tickenden Uhren ...

Sie bat um einen Freundschaftsdienst: Ich sollte den Wagen zur Reise beschaffen.
Damals konnte ich nicht ahnen, daß ich ihr bald einen viel schwereren Freundschaftsdienst erweisen müßte, nämlich nach Worten zu suchen für den Abschied von ihr.
Das ist das schwerste: Einem Menschen, der einem nahe war und der so gern lebte, Adieu zu sagen, für immer.
Sie war von zartester Körperlichkeit, aber sie hatte einen kräftigen Geist, sie war empfindsam und verwundbar, das konnte sie mit Rauheit überspielen, mit scheinbarer Überlegenheit. So schien es manchem, als könne sie vieles ertragen. Ihr traute man zu, sie könne die Wahrheit ertragen, und nannte beim Namen, woran sie litt. Vielleicht war das grausam, vielleicht half es ihr, sich einzurichten – für eine Zeit.
In ihrer Arbeit »Franziska«, mit der sie bis zuletzt beschäftigt war und die sie um jeden Preis – selbst um den Preis der körperlichen Qual – beenden wollte, läßt Brigitte Reimann ihre Heldin denken: »Man sagt, das Leben verrinnt, als sei Leben etwas Stoffliches, die drei Fingerspitzen Sand im Stundenglas, jetzt weiß ich, Sonntagnachmittag am Fenster, wie das Leben verrinnt, ich kann es hören, ein zartes, trockenes Geräusch.
Bei uns zu Haus gab es noch eine dieser altmodischen Eieruhren, ein Glas mit enger Taille; wenn der Sand durchgerieselt war, drehten wir sie um, und das Spiel begann von neuem.
Sonntags denke ich über den Tod nach, über die ungewisse Stunde, hora incerta, ich stelle mir mühelos vor: Ich bin tot. Mühelos, weil ich immer die Stunde überspringe und dort beginne, wo schon zu Ende ist, was sich nicht denken läßt. Sterben. Aber den sandigen Friedhof kann ich mir vorstellen, den Engel Aristide, die Gesichter der Lebenden.
Niemand wird mich vermissen ...«, läßt Brigitte ihre Heldin denken, »fünfundzwanzig Jahre, und ich habe nicht gelebt, nur Leben vorbereitet, bestenfalls geprobt, ich habe keine

Schule und kein Theater gebaut – und niemanden geliebt, nur geträumt: von einem großartigen Bau, von der großen Liebe.
Was bleibt von mir?
Ein Dutzend Entwürfe, ein Foto vom Richtfest, Gruppenbild, aufbewahrt von wer weiß wem, er hat mit dem Fingernagel ein Kreuzchen ins Fotopapier geschrammt, erinnert sich nur: Die war ganz begabt – leider, von der hört man auch nichts mehr, eben diese übliche Geschichte von den vielversprechenden jungen Leuten.
Ich hab keine Zeit zu verlieren, jeder Tag ist ein Tag meines Lebens, der ins Dunkel fällt.«
Wir werden Brigitte vermissen.
Wir wissen, von ihr wird mehr bleiben als ein Dutzend Entwürfe.
Die ihr näherstanden als ich, ihre Eltern, ihre Geschwister, ihr Mann, ihre engsten Freunde, erinnern sich der Tochter, der Schwester, der Frau, der Freundin – an Freude mit ihr, an Sorge um sie, gewiß an manche Begebenheit, die wir anderen nicht kennen. Ich erinnere mich, wie ich Brigitte zum erstenmal begegnete, es ist beinahe zwanzig Jahre her, ich kam aus dem Wald, schon dreißigjährig, mit unbeholfenen literarischen Versuchen, die ich der Arbeitsgemeinschaft Junger Autoren in Magdeburg vorlegte.
Unter den Männern saß ein junges Mädchen mit langem schwarzen Haar und einem Gesicht, fremdartig, ich mußte es immerzu anschauen – diese Augen ... Später haben wir einen Film gesehen, den auch Brigitte liebte, »Die Kraniche ziehen«, und wir haben gesagt, sie sieht wie die Samoilowa aus, und noch später haben wir gesagt, sie hat einmal ausgesehen wie jene orientalische Prinzessin, die sie in der Liebeslegende beschreibt – schwarze Mandelaugen, über die sich Brauen wie die Mondsichel wölben –, wie jene Prinzessin, die von so seltsamer Schönheit war, daß ein Architekt krank wurde vor Sehnsucht.
Wir, ihre Kollegen, waren wohl alle ein wenig verliebt in sie.

Mir schien es damals, als gehöre das Mädchen gar nicht nach Magdeburg, als käme es von weit her, aus Persien vielleicht. Das war vor beinahe zwanzig Jahren. Das Mädchen lachte über satirische Gedichte, die ich vortrug, konnte herrlich lachen, lachte aber, ich wußte es im Augenblick, über ungewollte Komik, die ich verbreitete. Brigitte konnte aber ebenso lachen, als ich irgendeine ihrer Geschichten parodierte, das war damals leicht, sie ahmte, wie wir alle am Anfang, irgendein geliebtes Vorbild nach. Sie den Hemingway, es war unverkennbar.

Das zwanzigjährige Mädchen schrieb erstaunliche Geschichten, immer ging es auf Leben und Tod, um großes Schicksal und um Gewalt, und bald schrieb sie einen eigenen, unverwechselbaren Stil. Unter diesen frühen Arbeiten, die niemand mehr kennt und die sie nicht aufbewahrt hat, ist eine Arbeit gewesen, die mich sehr berührte, eine Vietnam-Geschichte.

Als ich Brigitte nach Weihnachten in ihrer Wohnung sah, und ich wußte, es war das letzte Mal, erzählte ich ihr von einem Vietnamkommentar, den ich gemacht hatte, und daß ich von ihrer Weihnachtsgeschichte im Rundfunk gesprochen hätte, die in Vietnam handelte, vor zwanzig Jahren, damals war schon Krieg in diesem Land.

Ich fragte: »Erinnerst du dich an deine Protestgeschichte?« Sie schüttelte den Kopf, ein wenig mürrisch. Sie war zur Meisterschaft gelangt, unendlich weit über die Anfänge hinaus, und manchmal schämte sie sich ihrer früheren Geschichten. Ich sagte: »Merkwürdig, an was man sich erinnert, ich habe noch einen Satz von dir im Ohr, aus dieser Geschichte: ›Der Junge taumelte vor Müdigkeit.‹«

Sie lobte, daß ich den Satz behalten hatte, sie lächelte, ein bißchen verschlagen, natürlich erinnerte sie sich auch, ich glaube, sie wußte jede Zeile, die sie geschrieben hatte.

Es war eine bittere Stunde – es war schon ein Abschied –, Brigitte verwirrte sich manchmal, sie hatte Schmerzen, aber

immer noch Lust auf die kleinen Genüsse; wir mußten Kaffee machen, sie rauchte eine Zigarette nach der anderen, und wir erzählten: Weißt du noch?
Sie kam vor zwanzig Jahren regelmäßig zu den Tagungen der Arbeitsgemeinschaft, Disziplin war eine ihrer Tugenden – und sie war gern unter Leuten. Der Anfängerkreis, dem ich selber viel verdanke, ist für mich nicht denkbar ohne sie. Daß ich Brigitte traf, war eine jener Zufälligkeiten, die man nicht erklären kann, die aber bestimmend sein können für ein Leben. Ich bleibe ihr dankbar.
Jeder von uns verdankt ihr Anregung.
Sie sorgte für Überraschung, auch Aufregung, mit den Geschichten, die sie vorlas, oder mit den Gedanken, die sie ungeniert äußerte, sie zwang jeden zur Auseinandersetzung, sie haßte Dummheit und Halbheit, die Phrase, sie war unbedingt in allem, was sie tat; sie wollte der Wahrheit auf den Grund, manchmal verrannte sie sich oder verirrte sich auch – sie kehrte nicht gern um. Wir sprachen oder stritten nächtelang, oft bis zum Morgen, im Krötenhof bei Dessau oder wie die Lokalitäten immer hießen. Wir waren jung; sie vertrug ein Glas, prost, du sollst leben, Brigitte! Sie tanzte damals so gern, wie sie stritt, sie konnte kein Ende finden.
Sie lebte so gern, sie lebte heftig, schrieb einer ihrer Freunde, das mag wahr sein.
Sie lebte leidenschaftlich. Die Zeit auskosten, die einem bleibt, alles ganz tun, so hatte sie wohl schon immer gelebt und mit gleicher Leidenschaft gearbeitet.
Sie schreibt in »Franziska«, ihrem nachgelassenen Buch: »Früher dachte ich an das Leben, an mein unbemessenes Leben, wie an den Hirsebrei im Märchen, du löffelst und löffelst und kommst nicht auf den Grund – wunderbar. Hirse quillt von selbst nach, und der Topf wird niemals leer. Nicht daß ich nun dem Tod nachgrübelte oder daß mich der Friedhof vorm Fenster, der Anblick der Kreuze – heb ich die Stirn überm Reißbrett – beständig gemahnt hätte. Nein, der Friedhof ängstigt mich nicht – ich wollte nur sagen, Ben:

Du hast nicht alle Zeit der Welt – und wagst Dauer, weil du selber nicht von Dauer bist.«

Brigitte versuchte, dauerhafter zu arbeiten, sie machte es sich nicht leicht.

Sie war ein junges Mädchen, als ich sie kennenlernte, heute scheint mir, als wäre sie damals schon in Eile gewesen.

Wir waren stolz auf sie und konnten neidlos bekennen, daß sie die Begabteste unter uns allen war, denn kaum über Zwanzig, zu einer Zeit, da mancher von uns noch stammelnd nach eigener Sprache suchte, hat sie sich ausdrücken können und ausgewiesen als eigenwillige Schriftstellerin mit »Die Frau am Pranger«: Sie beschreibt die Geschichte einer tragischen Liebe zwischen einer jungen deutschen Bäuerin und einem kriegsgefangenen Sowjetsoldaten.

Sie findet viele Leser, findet Anerkennung, die Dreiundzwanzigjährige ist auf einen Schlag bekannt, kann auskosten, als junger Mensch, was das bedeutet, erster Ruhm, in aller Munde sein, in jeder Zeitung, vor Mikrofonen sitzen, Reportern Rede und Antwort stehen, Fernsehauftritt, gewagte Roben in kräftigen Farben, damals ist Brokat in Mode, ... ach, erste schöne Dinge kaufen können. Sie genießt es nicht lange, erkennt die Fragwürdigkeit von Ruhm, wie rasch er verblassen kann.

»Kinder von Hellas«, das zweite Buch, nicht so erfolgreich wie das erste. Warum?

Ich glaube, die junge Brigitte Reimann hat schon damals eine Fähigkeit entwickelt, die zu einem guten Schriftsteller gehört wie das Talent und die Lebenserfahrung. Sie kann sich einordnen in die lange Reihe der Schriftsteller – sie kann ihren Platz bestimmen. Sie ist belesener als mancher von uns, und sie weiß, wieviel große Literatur in der Welt ist, das bewahrt sie vor Selbstüberschätzung, sie kann erkennen, was ihr noch fehlt zu einer großen Schriftstellerin.

Sie will eine werden.

Sie arbeitet an sich.

Sie bricht die Zelte ab bei Magdeburg, zieht auf Entdeckungs-

fahrt ins Leben hinaus. 1960 geht sie nach Hoyerswerda, in die Nähe der Großbaustelle Schwarze Pumpe.
In diesen Jahren – sie ist immer in Eile – treffen wir uns nur hin und wieder, auf Tagungen, auf Sitzungen: »Hallo! Rück den Stuhl heran!« Und sie erzählt: bei *uns* ist es so und so, *wir* machen das und das; berichtet von Erlebnissen, die bewegt haben oder auch erbittert. Ach das Leben, das unbemessene – wie ist dieses Leben?
Und die Kunst?
Ein neues Buch gibt Auskunft: ein beispielhaftes Bekenntnis zum Sozialismus, mutiger Vorstoß in die Gegenwart, in eine Zeit, die sich verändert: »Ankunft im Alltag.«
Wieder ist sie im Gespräch, wird geehrt, sitzt in Präsidien. Später wird nach diesem Buch eine Entwicklungsetappe der DDR-Literatur benannt werden. Wenn die Rede darauf kommt, lächelt sie, ein wenig spöttisch, wirft mit herrischer Gebärde das lange schwarze Haar über die Schulter zurück. Aber sie freut sich ja doch des Erfolges, weiß, ihres Talentes kann sie sicher sein, weiß aber immer, jetzt bin ich selber mit meiner Kunst da und da angekommen – so viel große Literatur in der Welt, der Weg ist noch weit bis zu meinem Ziel. Und die Zeit geht auch über Bücher hinweg. Ein Schriftsteller muß sich ihr immer wieder stellen.
Anna Seghers sagt: »Meines Erachtens hat sie angefangen, ernst zu arbeiten, sie sieht sich um, sie erfindet.«
Brigitte arbeitet. Nächstes Buch: »Die Geschwister.« Es ist ein sehr schönes Buch, und ich schätze es mehr als manch andere Bücher aus jener Zeit, die größere Anerkennung fanden, es wirkt nichts ausgedacht in diesem Buch, es ist erfunden wie erlebt, es ist sinnlich.
Brigitte Reimann hat zehn Jahre lang ernst gearbeitet, sie hat sich umgesehen auf den Großbaustellen. Sie hat eine große Reise gemacht und darüber geschrieben. Ist sie ein wenig erschöpft? Hat sie Sehnsucht? Wonach? Hat sie eine Ahnung? Wovon?
Niemand weiß es.

Sie bricht die Zelte ab in Hoyerswerda, sie muß manches hinter sich lassen, an dem sie hängt. Sie will neu beginnen.
Sie hat einen *großen* Stoff – sie hat das Zeug, ihn zu bewältigen, endlich das Zeug dazu. Und die Kraft?
Sie kommt eines Tages zu uns, nach Neubrandenburg; was lockt sie? Schöne Landschaft, die Wälder, die Seen, wir schwimmen hinaus, sie hält sich plötzlich an meiner Schulter fest. »Kehr um, ans Ufer zurück.«
Vielleicht sucht sie Geborgenheit, vielleicht ist sie die kalten Städte leid. Kleiner Garten vor ihrer Terrasse, Blumen, sie liebt Blumen. »Hast du Ableger von diesem roten Mohn? Wann werden die Stauden in meinem Garten blühen?« Seltsame Rede.
Sie war allein in dieser Zeit, ich glaube, sie suchte Kameraden, wollte aufgehoben sein in einer Gemeinschaft.
Kaum einer von uns ahnte, wie sehr sie schon litt, aber sie kam – wie vor zwanzig Jahren – zu den Tagungen, diszipliniert; da saß sie unter uns, kerzengerade, streitbar wie eh und je, lachte wie immer und regte uns an und regte uns auf, mit ihren Geschichten, die sie vortrug, und mit ihren Gedanken, die sie ungeniert äußerte. Und Gespräche bis zum Morgen, als seien wir jung wie damals. Sie verträgt ein Glas. »Prost, ihr sollt leben! Und erzählt mal was Lustiges.« Ach, dieses dunkle Lachen – kein Wort von Krankheit, von Tod, sie lebte so gern.
Ich erinnere mich an den Sommer, an eine laue Nacht, Windlichter, zwanzig Gäste im Garten – wieviel auch immer: Sie ist der Mittelpunkt. Es ist gegen Mitternacht, und sie kann nicht mehr sitzen, ihr Mann trägt sie ins Haus, sie ist leicht wie ein Federchen. Einer sagt: »Sie sieht auf einmal so zerbrechlich, so durchsichtig aus, die Prinzessin, man hat Angst, die Decke könnte ihr weh tun, die man über sie breiten will. Müde?« – »Aber nein!« Sie will Platten hören – aber was Kräftiges, was Wildes. »Hast du Fredmanns Episteln?« Wir hocken auf der Diele zu ihren Füßen – das ist noch gar nicht lange her. Sie hält das letzte Mal Hof.

Letzte Anordnung – zwei Tage vor ihrem Tod: »Es wird Frühling – der Wein muß verschnitten werden.« Und ein Wunsch: »Ich möchte heim!«
Diesen Sommer wird der Mohn in ihrem Garten blühen.
Sie ist nicht mehr da.
Wir vermissen sie.
Was soll ich sagen, uns zum Trost und denen zum Trost, die ihr näher standen als ich, daß sie sich früh vollendet hat?
Sie hat sich nicht vollenden können, ihr blieb nicht die Zeit dazu. Und wer ihren letzten Roman kennt, das Buch, an dem sie bis zuletzt und – wie ich glaube – gegen ihren Tod gearbeitet hat, der weiß, zu welcher Meisterschaft sie gekommen ist ... Was hätte sie noch schreiben können auf solcher Höhe.
Ist es ein Trost, wenn ich sage: sie ist erlöst? Und sie hat in den letzten Wochen oft davon gesprochen, daß der Tod besser sei, als die unerträgliche Tortur, der sie sich jeden Tag aussetzen mußte.
Ist es ein Trost, wenn ich sage: Ich glaube, die Angst der letzten Stunde, die sie nicht denken konnte, blieb ihr erspart, denn manchmal – zuletzt – verwirrte sie sich ein wenig, sah sich von schönen Dingen umgeben und träumte sich zurück in Märchenjahre. Dann sah sie nichts, was sie schreckte: Sie sah ein Reh an ihrem Sterbelager.
Ich glaube, es ist ein Trost zu wissen, von ihr wird mehr bleiben als die Erinnerung an einen guten, liebenswerten und noblen Menschen, der zu früh fortgehen mußte. Es werden Geschichten von ihr bleiben, und wir werden ihr einen Platz in der Literatur einräumen, den sie selbst in ihrer Bescheidenheit nicht einnehmen wollte, den einer Schriftstellerin von hohem Rang ... Sie selbst ist gestorben, aber ihr Buch »Franziska« wird unter den Leuten sein, lange, glaube ich, denn es ist reich an Schönheit und reich an Gedanken, und es beschreibt einen Menschen, der Brigitte ähnlich ist – die tapfer war und Angst haben konnte – die manchmal verzweifeln wollte – und sich immer wieder

überwand – die Schweres ertragen mußte – und herrlich lachen konnte.

Lassen Sie mich zum Abschied von Brigitte Reimann ein paar Zeilen vorlesen, die für mich zu den schönsten zählen, die sie geschrieben hat. Sie schreibt in ihrem nachgelassenen Buch: »Mein Vater erzählte eine Legende, er hat sie bei Christopher Marlowe gelesen, den er bewundert und mißbilligt – ein genialer Kopf und ein Raufbold, der mit dem Messer in der Brust starb, dreißig Jahre alt, erstochen in einer Schenke oder auf den Gassen von London ..., dreißig, sagt mein Vater, was hätte er noch schaffen können, wenn er sich nicht verschwendet und verzettelt hätte mit Dirnen und Händlern und Saufereien ...

Ich war noch klein, elf oder zwölf, ich wünschte, ich besäße ein Bild von diesem Marlowe, ich dachte, ich würde lieber dreißig wilde Jahre wählen statt siebzig brave und geruhsame. Und später, immer wenn ich unruhig war, wenn ich mich sehnte, wer weiß wohin, wer weiß nach wem, fiel mir die Geschichte vom persischen Architekten ein: Der konnte und konnte seine Gedanken nicht von der Prinzessin abwenden. Eines Tages sah er sie mit unverschleierten Gesicht und war so hingerissen von ihrer Schönheit, daß er den furchtbaren Tamerlan und seinen Zorn vergaß. Er küßte sie ... Die Prinzessin zog rasch den Schleier vors Gesicht, der Kuß war aber so leidenschaftlich, daß er ein Brandmal auf ihrer Wange zurückließ.

Als Tamerlan das Brandmal entdeckte, befahl er, den Perser zu fangen und zu töten. Der Architekt flüchtete vor den Häschern auf die Spitze eines Minaretts, und in seiner höchsten Not, als er schon den Atem der Verfolger auf seinem Nacken spürte, breitete er die Arme aus und warf sich vom Minarett in die Luft, und um seiner großen Liebe willen wuchsen ihm Flügel, und er flog heim – nach Persien.«

ERNST BUSCH

Alt wie das Jahrhundert starb am 8. Juni 1980 Ernst Busch. Im Januar 1900 geboren, erlebte und erlitt er die Kriege und Kämpfe seiner Zeit, einstweilige Siege und bleibende Niederlagen derer, denen er sich lebenslang zugehörig fühlte ... und sang davon. Auf dem Trauerakt in der Akademie der Künste der DDR würdigte deren Präsident, Konrad Wolf, den unvergleichlichen Sänger und Schauspieler Ernst Busch – den Arbeiter.

Konrad Wolf
DER GROSSEN STIMME SCHMÄCHTIGER KÖRPER

Schon einmal hatte sich Ernst Busch von uns verabschiedet, bevor er am Sonntag ging. Vor zwei Jahren etwa zog er sich in sein Haus, seinen Garten, zu seiner Familie zurück. Die Fotos zeigen ihn in dieser Zeit. Es sind die letzten Aufnahmen, die von Busch gemacht worden sind, und sie bilden ihn ganz ab. Da ist er, der Gehende, der großen Stimme schmächtiger Körper, der Kopf, der unbeugsame, leicht geneigt, locker geht er im enger gewordenen Zirkel dieses weit gelebten Lebens.
Nein, abgewandt hatte er sich nicht von uns, grüßend vielmehr ging er nach Hause, in seine Werkstatt für Wörter und Klänge, zu seinen Büchern, Instrumenten und Geräten. Seine Tür blieb für die Freunde und Genossen weit geöffnet.
Ich besuchte ihn einmal mit einem sowjetischen Gast, einem Schulkameraden aus meiner Moskauer Zeit. Er hat das Treffen für eine Zeitschrift beschrieben: »Der Hausherr hat ein rotkariertes Hemd an, der Kragen ist aufgeknöpft, über dem Hemd eine blaue Wolljacke; erinnert nicht nur in seiner Kleidung, sondern auch in seiner Gestalt, den Bewegungen, dem gutmütigen Lächeln, das sein Gesicht nicht verläßt, an einen Arbeiter, der zur verdienten Erholung aufbricht. Aber

bei diesem Arbeiter liegt die Erholung noch in weiter Ferne. Seine Energie ist unerschöpflich. Vor kurzem hat er eine Schallplatte aufgenommen, und er brennt darauf — sofort, schnell, gleich! — sie für den Moskauer Gast aufzulegen.«
Ernst Busch, der Arbeiter. Ich habe kein genaueres Wort für ihn gefunden. Arbeiter — im Sinne der Klasse und im Wortsinn des Arbeitens. Jeder, der sich ihm näherte, mußte wissen, daß er sofort in Arbeit gezogen wird. Als seine Kunst schon klassisch geworden war, unterwarf Busch noch immer jede seiner Aufnahmen der striktesten Selbstaufsicht. Eine Platte, die er endlich freigab, ließ ein Gebirge von Versionen hinter sich. Die vielen Platten, die Busch in Verbindung mit der Akademie herausgebracht hat, gehören zum kostbarsten Besitz der sozialistischen Kunst unseres Landes, ja der Welt des Fortschritts.
Die Akademie hatte das Glück, einem Mann wie Busch Werk-Stätte zu sein. Bei unseren Veranstaltungen war er der verläßlichste Mitarbeiter. Busch haßte folgenloses Reden und leere Repräsentation. Ich gestehe, daß ich in Akademiesitzungen, an denen Busch teilnahm, oft beunruhigt war: Stehlen wir ihm jetzt die Zeit? Sagen wir Nützliches, Praktisches, Verwertbares?
Allein das Gesicht von Busch war ein unerbittlicher Filter gegen Phrasen und Selbstgefälligkeit. Mit dem Wort Kommunismus ging er sparsam um, es war ihm zu teuer. Kunst war für den ehemaligen Werkzeugschlosser, etwas Perfektes abzuliefern, das Menschen brauchen können. Er machte da keinen Unterschied zu anderer nützlicher und gekonnter Arbeit. Seinem Sohn Ulli brachte er früh das Handwerken bei, mauern, feilen, sägen ... Arbeiten, in denen Busch selbst Meister war.
Da ist eine kleine Geschichte zu berichten. Buschs hatten wieder einmal Gäste. Im Arbeitszimmer saß der Junge am Flügel. Er übte sich an den Tasten, doch nicht nur das ... Als nach ihm gesehen wurde, hatte er aus einigen Tasten säuberlich Dreiecke gesägt. In Erwartung eines Busch-

schen Erdbebens breitete sich allgemeine Beklommenheit aus. Busch ging zum Flügel, paßte die herausgesägten Teile ein und sagte: Meisterarbeit.
Bestattet wird er, auf seinen strengen Wunsch, auf dem Friedhof in Pankow gleich hinter seinem Haus, man kann die Stelle vom Arbeitszimmer sehen. »Ich will in der Nähe bleiben, ab und zu über die Mauer nach euch sehen, und wenn Ulli Unsinn treibt, dann donnere ich.«
Liebe Irene, lieber Ulli, das ist euer Busch, da haben wir nicht mitzureden, diese Beziehung zwischen euch drei haben eure Freunde immer als etwas Seltenes empfunden, und es sei uns Marxisten erlaubt zu sagen, daß der Tod davor machtlos ist. Erst in diesen Tagen ist mir ganz bewußt geworden, woher die elementare Anziehungskraft rührt, die von Busch ausging. Wo Busch war, war ein Energiezentrum. Ich weiß keinen in unserer Akademie zu nennen, mit dem sich Menschen so unterschiedlichen Naturells und ästhetischen Standpunkts verbunden haben – Becher und Brecht, Eisler, die Helli, Wolf, Ihering und Cremer, Heartfield, Weinert, Dessau, Hermlin – und dann die Jüngeren in der Akademie und die Jugend sowieso.
Dabei war Busch nie das, was man gesellig nennt. Er machte es seinen Freunden nicht bequem, er war anstrengend und sein Zorn gefürchtet. Er verband durch Arbeit, und hier, in der Arbeit, konnte er beispiellos unduldsam sein. Busch hat es sich nie leicht gemacht, und es ist ihm auch bei uns nicht immer leicht gemacht worden. Weil er offen gefochten hat, auch mit Gleichgesinnten. Aber zu keiner Stunde ließ er Zweifel daran aufkommen, auf welcher Seite der Barrikade er steht. In der Klassenfrage kannte er keine Kumpanei. Gerade in Zeiten, die manchem undurchsichtiger scheinen und einige wankend gemacht haben, war es gut, einen Genossen wie Ernst Busch neben sich zu wissen. Er ist ein Maß. Wer die Fronten wechselt, verläßt auch ihn, wer sie nicht mehr sieht, hat von ihm nichts begriffen.
Ich hörte Busch zum ersten Mal in Moskau, im Kolonnen-

saal, nicht eben dem größten, aber dem traditionsreichsten Saal der sowjetischen Hauptstadt. Wir Kinder der Politemigranten hatten einen Schulchor. Busch trat mit uns auf, er sang die »Moorsoldaten«, das »Solidaritätslied«, den »Roten Wedding«, unser Lieblingslied, mit dem wir zu den Maidemonstrationen bei den Moskauern immer den größten Erfolg hatten. Da stand ein deutscher Arbeiter, wie mein Freund ihn beschrieb, hager, in einem Arbeitshemd, die Augen schmal und die Faust über dem Kopf geballt – ein Bote des anderen Deutschland. Dann wäre ich Busch fast ein zweites Mal begegnet. Die 47. Armee befreite im April 1945 das Zuchthaus Brandenburg, in dem Busch »wegen Verbreitung des Kommunismus durch Lieder« inhaftiert war. Die befreiten Häftlinge hatten beschlossen, vorerst zusammenzubleiben. Die Lage war noch gefährlich durch versprengte deutsche Einheiten, die sich nach dem Westen durchschlagen wollten. Busch aber hielt es nicht. Er mußte nach Berlin. Am Stadtrand wurde er von einer sowjetischen Streife gestellt, ein lädiertes Subjekt ohne Papiere, wie Busch selbst erzählt, das hartnäckig behauptet, ein politischer Häftling, ein Künstler, Ernst Busch zu sein. Als er sieht, daß er das berechtigte Mißtrauen der Rotarmisten gegen frischgebackene Kommunisten nicht überwinden kann, beginnt er zu singen: »Drum links! Zwei! Drei! ...«, und plötzlich stimmt ein junger Offizier auf russisch ein »MARSCH, LEWY, DWA-TRI ...! Das ist die Stimme von Ernst Busch. Ich habe ihn im Kolonnensaal gehört. Den kann man nicht nachmachen.« Die Stimme als Legitimation, als Parteidokument. Die Rotarmisten statteten Busch mit einem Sack voll Lebensmittel aus. Einige Stunden später in Bernau, eine polnische Streife. Lebensmittel aus Armeebeständen? Ein Marodeur? Busch wird in den Keller der Kommandantur gesperrt, er findet sich in Gesellschaft von Faschisten und Kriminellen, sie hätten ihn umgebracht, hätte er seine Identität mit »Links, zwei, drei« zu erkennen gegeben. Die Stimme als Todesurteil. Busch bricht aus, er

kann nicht warten, er kennt den Arbeitsplatz, der auf ihn wartet, Berlin.
Und mit den Liedern fing dann auch alles an. Die Bücher, das Theater, die Filme kamen später, wenig später zwar nur, aber begonnen wurde die Revolution auf unserem Boden mit den Liedern, die aus den KZ und der Emigration mitgebrachten, die alten, fast vergessenen, und die ersten neuen. Es war ein glücklicher Moment des Neubeginnens, daß das politische Lied durch Busch sofort auf klassischer Höhe präsent war. Wir haben Busch zu seinem 80. Geburtstag mit einem Abend im Rahmen des 10. Festivals des politischen Liedes dafür gedankt, und er hat sich, schon auf dem Krankenbett, darüber gefreut. Aber das wichtigere Danksagen liegt noch vor uns: dafür zu sorgen, daß Busch weiter für uns arbeitet, ohne seine Hilfe.
Busch, der Arbeiter. Der Theatergeschichte hat er Arbeitergestalten hinterlassen, die definitiv sind. Den Pawel und später den Ljapkin aus der »Mutter«, zweimal den Franz Rasch, als junger Mann in der Uraufführung der »Matrosen von Cattaro« und nach dem Krieg mit der gesammelten Geschichtserfahrung des Revolutionärs. Wer kann seinen Fučík vergessen, Busch im »Sturm« oder in der »Winterschlacht«? Aber Busch war kein Spezialist für Arbeiterrollen oder Bühnenkommunisten. Er brachte die Philosophie und Lebenskenntnis der Klasse in Figuren unterschiedlichster sozialer oder historischer Prägung ein. Mit dem Galilei verkehrte er souverän, das heißt einfühlsam und überlegen. Dem Mephisto teilte er etwas von dem Spaß mit, mit dem sich der Rationalist Busch in der Fabel bewegte. Dem verlotterten Azdak, furchtsam, bestechlich, genußsüchtig, fügte Busch den Gestus des Partisanen hinzu. Als Brecht auf den Proben zum »Kreidekreis« von Studenten gefragt wurde, ob sich Busch wohl auch an die Verfremdungstechnik halte, antwortete er: »Der braucht die Grammatik nicht mehr, er kann Deutsch.« Natürlich hatte Brecht, wenn er von neuer Schauspielkunst handelte, immer

auch Ernst Busch vor Augen. Busch arbeitete als Schauspieler mit naiven Verfremdungen, die in nichts anderem bestehen als in der Unfähigkeit, in einer Figur den Klassenstandpunkt zu ihr zu unterschlagen. Dabei waren seine Mittel universell. Trainiert. Auf dem höchsten Standard. Gewiß hat Brecht von Helene Weigel und Ernst Busch gelernt, was das ist: realistisches Detail auf der Bühne. Und obwohl Busch immer mittels Theater lehren, bewegen, aufklären wollte, geriet ihm keine Figur zur »Sprachröhre des Zeitgeistes«. Da war immer, was Kunst ausmacht, ein nicht ganz erklärbares Vermögen, Lebendiges zu erzeugen, Reichtum, Fülle, Menschlichkeit und Glanz auszubreiten. Busch hat keine schäbigen Burschen gespielt, er nahm Rollen an wie Zöglinge, er liebte sie. Mit Zartgefühl zeigte er ihre Schwächen, ihre Stärken potenzierte er. Und der Jago, höre ich?
Ein Erzschurke, gewiß. Aber selbst das Böse setzt seinen Gegensatz voraus, und der will mitgespielt werden. Menschen, Figuren, Rollen annehmen heißt nicht, sie freizusprechen, aber wohl, sie zu vertreten.
Sein früher Abschied von der Bühne und vom Film hat uns viel gekostet. Ich habe ihn beim Goya-Film immer wieder gebeten, die Rolle des Jovellanos zu spielen, die eigens für Busch hineingekommen war. Er wollte nach den, übrigens von ihm verlangten Probeaufnahmen nicht; es gäbe genug Komödianten, die besser »draufliegen« würden, und was ihm in den zwanziger Jahren ohne Mühe gelungen sei, bereite ihm jetzt Quälerei. Und am Schluß des Briefes, der eine Bitte um Entlassung aus einem Versprechen war, steht der sibyllinische Satz: »Und jeder, der Ruhm haben will, muß sich beizeiten von der Ehre verabschieden und die schwere Kunst üben, zur rechten Zeit zu gehn.« Das herbe glückliche Leben des Arbeiters Ernst Busch hat vieles erfahren, Haß der Feinde, Liebe der Genossen, die Ehre zu ihrer Zeit und den Ruhm schon zu Lebzeiten.

PAUL WIENS

Als junger Mann von den Nazis verfolgt, dem KZ entronnen, ins Exil getrieben, in der DDR ein populärer Erzähler, Lyriker und Filmautor: Paul Wiens. Er starb am 6. April 1982, wenige Monate vor seinem 60. Geburtstag. Angesichts seiner Popularität zu Lebzeiten, erwog sein Grabredner, der Schriftsteller Günther Rücker, ahnungsvoll die Möglichkeit des Vergessenwerdens, um sie jedoch sogleich zu verwerfen.

Günther Rücker
UNSERE GESPRÄCHE MIT DEN TOTEN GEHEN WEITER

Abschied nehmen ohne Wiederkehr, das gehört zum schwersten auf dieser Erde. Wie wenig helfen uns Worte. Danksagung, Versicherungen unserer Sympathie und Liebe und Freundschaft gehören zu den Lebenselementen, die eingeschlossen sind in unsere Haltung zu ihm, in unser Gefühl, das ihn aufgenommen hat für immer. Auch um ein Wort über die Bedeutung seines Lebens und seines Werkes wäre es so bestellt. Ein so kluger, mit Witz und kritischem Blick begabter, außen und innen fein geprägter Kopf wie er braucht keine Versicherungen seiner Bedeutung, denn es ist eines der Zeichen eines bedeutenden Menschen, seine Bedeutung zu kennen.
Die Wege seines Lebens sind verschlungen in unsre eigenen Wege. Wir finden uns überall wieder, wo wir nach ihm, dem toten Freund suchen. Könnte er uns hören, er hörte nichts, was ihm unbekannt wäre. Und trotzdem: Unsere Gespräche mit den Toten gehen weiter. Sie begleiten unsere Gedanken, und auch wenn wir eine Zeit lang glauben, ohne sie zu leben, sie kehren zurück zu den Gestorbenen, und man überdenkt den Teil der Welt, den man einst gemeinsam besaß. Immer und immer wieder stellt sich der Gedanke ein, daß Pauls Sohn Andrè jetzt in dem Alter ist, in welchem damals für seinen Vater der erste grausame Tod geplant war.

Der Mord an ihm und seinesgleichen. Paul überlebte durch Zufall, Glück, Klugheit, Zähigkeit, Lebenswillen und Kampf. Das danach gelebte Leben war doppelter Triumph über diesen ersten ihm in der Zeit der Jugend zugedachten Tod. Darum empfinde ich seinen frühen Tod heute doppelt schmerzlich, denn gerade ihm und den Seinen wünscht man ein bis zur letzten möglichen Stunde ausgedehntes reiches, glückliches, fruchtbares Leben. Jeder Tag vor der Zeit des höchsten Alters ist wie ein Stück Zurücknahme des damals so schwer errungenen Sieges. Wer Krieg und Lager überlebt hat, lebt neben seinem täglichen Leben ein zweites, gleichsam selbsterkämpftes, sich selbst gegebenes Leben. Daraus wuchs in uns und der Generation der Väter und älteren Freunde ein verwandtes und im gleichem Maße wirkendes Gefühl.

Wir sind miteinander jung gewesen, sind gereift, älter geworden und werden jetzt miteinander alt, so wie es bei den Freunden und Genossen war, die nach dem Krieg ihre Arbeit begannen und denen wir zusahen, wie sie einander hierher begleiteten. Die Zeit ist gekommen, in der andere, jüngere, uns zusehen, wie wir einander hierher begleiten. Vergessen wir nie, daß von uns hier Versammelten (und je älter, desto häufiger versammeln wir uns hier und desto schwerer liegt es auf unserer Seele) immer einer dem anderen die letzte Rede halten wird. So klein ist unser Kreis, so nahe leben wir miteinander, so innig – ob wir es wollen oder nicht – sind unsere Leben miteinander verbunden.

Wer wünschte sich nicht noch Jahre, um diesen und jenen Gedanken in die Form zu bringen, in der er überdauern soll. Wem aber widerfährt das Glück der ausreichenden Zeit? Paul hat von seiner Lebenszeit abgegeben, als stünde sie ihm in beliebiger Menge zur Verfügung. Zu ihm kamen Alte und Junge, uns heute noch Unbekannte, Fremde, und fragten ihn, hörten, nahmen von ihm für ihr Leben und ihre Arbeit Gedanken und Anregungen reichlich mit. Er machte

davon wenig Aufhebens. Und wir hatten uns daran gewöhnt, daß immer einer da ist, der zur Verfügung steht. Dabei beachten wir oft nicht Wirkungen, die sich erst nach langen Lebenszeiträumen zeigen. Es wird den schnell abrechenbaren Erfolgen nachgejagt, und wenn sich keine einstellen wollen, erklärt man dies und jenes als Erfolg. Und leiser Gesagtes, bescheidener Vorgetragenes wird vom Lärm der letzten Mode übertönt. Aber nur für eine kurze Zeit. Unauffälligkeit als Lebensstil, Zurückhaltung als sittliche Disziplin: Bei Paul habe ich sie kennengelernt. Und ich werde, wo immer ich sie finde, an ihn denken. Das ist der einzige Trost, den ich kenne, das nicht nur das Herz seine Gespräche mit dem Toten hält, sondern daß sie selbst unter uns sind als Gedanke, Frage, Vergleich und Maß. Die Gefühle, die sie unserem Leben gaben, wenden sich ihnen selbst wieder zu. Jeder, der Kindern das Leben gab, sorgt sich sein Leben lang, daß er ihnen zu wenig gibt, zu wenig sich um sie kümmert, zu wenig Anteil nimmt. Und je älter die Kinder werden, je näher sie dem Alter der Eltern kommen, desto öfter und schmerzender stellen sie die Frage der Väter an sich selbst. Hat man nicht zu wenig von den Vätern gewußt, sich um sie gesorgt, für sie getan? Ich glaube, dies gehört zu unserem Menschendasein: der Anspruch des Allesumfassens und der Vorwurf, nicht genug getan zu haben, und zwischen beidem das Wissen, daß keine Brücke von da nach dort reicht.
Ihr Lieben, wir werden unseren Paul zu der Stelle geleiten, an der er liegen wird. Neben ihm Freunde, die er mochte und die ihn mochten, denn man wünscht, daß auch Gestorbene sich wohl fühlen in ihrer Umgebung. An sein Grab werden Menschen kommen, die ihn liebten, ihm gaben, von ihm empfingen. Man wird die Jahre über Kränze und Gebinde und Blumen niederlegen. Und nicht nur an den Tagen des Gedenkens.
Und wenn die letzten, die uns kannten, nicht mehr am Leben sind? Sage keiner, er denke darüber nicht nach. Wie könnte

einer, wenn er ein Mensch ist, darüber nicht nachdenken müssen?

Es ist ein schöner Brauch, liebe Freunde, daß in lateinamerikanischen Ländern nach dem Ende der Kämpfe die Namen der Kämpfer aufgerufen werden. Und immer antwortet für einen Gefallenen einer der Lebenden mit dem Ruf: Presente!

Wann immer man auch von den Zeiten unseres Beginns sprechen wird, des Beginns unserer Literatur, von ihrer ersten, mutigen, überforderten und überanstrengten, starken und verantwortungsbereiten Generation, von diesem ersten Menschenalter nach dem ersten, glücklich überstandenen Tod von damals, der Name Paul Wiens wird genannt werden. Und immer wird ein Lebender antworten: Presente!

Und das ist eine hohe, eine sehr hohe Ehre, vielleicht die höchste, die uns auf dieser Erde zu erreichen vergönnt ist.

DIETER FRANKE

Sächsisches Urgestein und strahlendes Gestirn am Schauspielerhimmel, das am 23. Oktober 1982 verlosch. Da war Dieter Franke 48 Jahre alt. Sein Kollege am Berliner Deutschen Theater, Eberhard Esche, verlas in seiner Trauerrede den Brief, den er dem Freund zu dessen Lebzeiten geschrieben, jedoch nie abgeschickt hatte.

Eberhard Esche
DER SCHAUSPIELER IST EIN BESONDERS UNFERTIGER

Einige von uns sind sich in den letzten Monaten, sofern sie nicht von Probenansetzungen abgehalten wurden, auf den Friedhöfen dieser Stadt öfter begegnet als auf dem Platze des Lebens, dem Theater! Zum letzten Gang unseres verehrten Kollegen Rudi Christoph sagte ich: »Hatten wir einerseits einen schon lange nicht mehr so schönen Sommer, füllten sich andrerseits unsere Augen mit Tränen. Tränen um Freunde und Kollegen unserer Zunft.«
Ein herrlicher Sommer und der Beginn einer kalten Zeit?
Als ich das sprach, lebte unser Herwart Grosse noch. Lebte unser Dieter Franke noch.
»Der Tod ist doch etwas so Seltsames, daß man ihn, unerachtet aller Erfahrung, bei einem uns teuren Gegenstande nicht für möglich hält und er immer als etwas Unglaubliches und Unerwartetes eintritt. Er ist gewissermaßen eine Unmöglichkeit, die plötzlich zur Wirklichkeit wird. Und dieser Übergang aus einer uns bekannten Existenz in eine andere, von der wir auch gar nichts wissen, ist etwas so Gewaltsames, daß es für die Zurückbleibenden nicht ohne tiefste Erschütterung abgeht.« (Goethe)
Ich habe die Nachricht von Dieter Frankes Tod am 23. Oktober 1982, abends 19 Uhr, in der Frühe des 24. Oktober, vom Krankenhaus aus angerufen, vollkommen gefaßt entgegengenommen und habe bis in die späten Mittags-

stunden am Telephon gesessen und benachrichtigt, wen ich konnte und wer erreichbar war. Es ist erstaunlich, zu welchen Verdrängungsmechanismen der Mensch instinktiv zu greifen weiß, auch oder gerade weil ihm die letzte Hoffnung zertrümmert wurde. Und haben wir nicht alle, liebe Freunde, verdrängt? Nicht nur in den letzten Monaten des Lebens unseres geliebten Freundes?
Vor vielen Jahren schrieb ich an Dieter Franke einen Brief:
Lieber Dieter!
Zwei Sachsen, der eine aus Chemtz, der andere aus Leipzsch, sind nun am Ziele ihrer Wünsche angelangt. Von nun an werden wir die Berliner verwöhnen.
Doch (und schon sehe ich Deine Miene sich wieder gelangweilt glätten, weil keiner meiner Witze bei Dir ankommen kann, denn selbst nach einer besten Pointe erwartest Du bei mir ein »doch«; Du vermutest Dialektik, dabei ist es doch nur ein »doch«, Dieter, Dialektik ist nie das Gegenteil, es ist immer die Mitte, die Vernunft) ... Doch fahre ich fort. Das Erreichen des Zieles ist nur der Beginn einer neuen Arbeit, einer neuen Qual: unser Talent besser, viel besser zu verwalten. Wir sind nicht mehr in Karl-Marx-Stadt, wir sind nicht mehr zwanzig.
Im Moment scheinen die großen Theater nicht mehr in der Lage zu sein, die bei ihnen engagierten Talente hilfreich zu fördern oder gar planmäßig zu entwickeln. Sie achten nicht ihre Schätze, sie wuchern nicht mit ihren Pfunden, im Gegenteil: sie zehren vom Kapital. Ich bilde mir noch immer ein, die Theaterleitungen waren einmal mächtig, also den Künsten günstig, doch vielleicht irre ich mich, und es ist nur der Nebel der Erinnerung. So also müssen wir selbst etwas tun.
Der liebe Gott, die Natur, nenne es, wie Du es willst, hat uns ein Talent gegeben, wir jedenfalls sind nicht die Urheber (soviel Talent, mein Dicker, wie wir haben, können wir gar nicht alleine geschaffen haben), aber wir sind die Besitzer.

Es gilt, den Besitz so gut zu verwalten, daß Zinsen entstehen und das Kapital sich vermehrt. Unsere Kunst gehört der Nation, der wir dienen. Insbesondere gehört sie der Minorität des Volkes, die zu uns kommt, für die wir spielen. Doch solche Worte magst Du nicht, ich weiß. Du, der Du vor allem für das Publikum da bist, der Probengetue, gebe es sich nun wissenschaftlich oder neurotisch, verabscheut, bist erhabenen Sätzen gegenüber keusch wie in Liebesbezeugungen, prüde fast.

Also fange ich anders an. Also falle ich mit der Tür ins Haus. Wir spielen viel, wir streiten viel, wir lachen viel, wir trinken viel. Aber Du zuviel. Und darum dieser Brief, den ich Dir gestern ankündigte. Deine Fähigkeit, sich für andere zu verbrennen (»Heute wird noch mal gesumpft, morgen kommt der Wendepumpft«). Deine Erfolge auch nach der Vorstellung im DT-Keller (»Was sind wir Künstler doch für ein fröhliches Land, heute hier und morgen schon wieder besoffen«, diesen Spruch erfandest Du, glaub ich, in Paris beim Drachen-Gastspiel), haben uns süchtig nach Dir gemacht. Und obwohl wir schon so runtergekommen sind, daß, wenn wir den Keller betreten und es heißt, du kämest heute nicht, wir schon fragen, wo Du dann seist, will doch in uns, Deinen Hörigen, nicht die Angst verstummen, welchen Preis Du bezahlst. Oder opferst Du dich für uns? Das glaube ich nicht. Auch Deine Kultstätte ist das Geviert zwischen den Kulissen, mit dem kleinen Kästchen davor! Ja, ich weiß, ich brauche sie öfter als Du, die Souffleuse; das liegt eben daran, daß ich mir beim Spielen immer mal was denke, und Du spielst »bloß«. Du meinst, Denken stört, na gut, dann erinnere ich an Deinen Traum: Du standest nach dem Ende der Vorstellung auf der Inspizienten-Seite des Deutschen Theaters, und das Publikum stand auf der fahrenden Drehscheibe, und Du mußtest jedem einzelnen der Zuschauer zur Verabschiedung die Hand schütteln. Kompliment, Euer Ehren träumen gut. Doch hier packe ich Sie, stolzer Besitzer von soviel Reichtum: Verwalte ihn besser. Tue es für das Publikum, für das Du lebst und das Dich über alle Maßen liebt.

Dein Kaschperkopp

Diesen Brief hat Dieter nie erhalten.
Zwar wußte er, daß einer existiert, immer mal wieder erinnerte er mich an jenes Versprechen aus jener Nacht, doch ich scheute vor schriftlichen Belehrungen, oder ich verschob, oder, oder, oder ...
Ich habe viele Nächte mit ihm verbracht, doch daß ich nun die Nächte verbringe zu Hause, ohne ihn, doch für ihn, um ihm zu schreiben, was ich ihm sagen sollte und er doch nicht mehr hört ...
Doch, liebe Freunde, wir sind hier angetreten, um ihm die letzte Ehre zu erweisen, und so sei nicht mehr geklagt.
Wo kommt Dieter Franke her? Aus Hartau, wo man Franke Dieter oder Anke Hans sagt. Und obwohl man zu Chemnitz gehört, fühlt man sich doch als erzgebirglicher Vorländer.
Otto Franke, sein Vater, an dem er zeitlebens sehr hing, war ein Bühnenbildner. Dieter geht nach Greiz als Garderobier, Requisiteur, Bühnenarbeiter, Statist, kleine-Sätze-Sprecher und Inspizient. Außerdem ist er Wasserballer und schwimmt eine recht gute Zeit. Als schmächtiges, aufgeschossenes Kerlchen sieht ihn die Berliner Schauspielschule. Danach erobert er Karl-Marx-Stadt, seine Heimatstadt.
Titus Feuerfuchs im »Talisman«, Muley Hassan im »Fiesco«, der Roller in den »Räubern« tauchen mir als Bilder auf.
In Berlin sehen wir uns wieder. 1963 kommt er von der Volksbühne zu uns ans Deutsche. Er hatte also, wie wir fast alle, die wir die nach 1961 entstandene Ensemblelücke schließen sollten und den Grundstein legten für das heute bekannte Ensemble der Schauspieler des Deutschen Theaters, eine ganze Reihe von Jahren in der Republik verbracht.
Eine gute Lehrzeit.
Die ersten Rollenangebote machen Dieter nicht gerade glücklich. Es sind zumeist kleinere und mittlere Rollen.

Natürlich spielt er sie vortrefflich: den Spartaner im Frieden, den halbnackten Sklaven der Schönen Helena. Gleichviel, Dresen besetzte ihn in den drei Einaktern O'Caseys. Das war einer der großen Abende des Deutschen Theaters. Erinnern wir uns ohne Sentiment, versetzen wir uns kurz in jene Zeit zurück: es war die große Zeit oder schon der Ausklang der großen Zeit des DT. Es gab viele Kämpfe. Schöpferischer Streit nach innen, oft auch ärgerlicher, persönlich beschädigender, aber nie unproduktiver Streit nach außen. Es war eine Zeit der echten Erfolge, der großen Inszenierungen der verschiedensten Handschriften, Künstler, Regisseure, die dem Werk dienten und damit dem Dichter, dem Schauspieler und nicht zuletzt dem Publikum, also der Nation, Fachleute, das Handwerk beherrschend, ohne Handwerker zu sein. Es war die Zeit der Unverwechselbarkeit statt Gleichgesichtigkeit der verschiedenen Berliner Bühnen. Wir nahmen Einfluß auf die Welt. Wir waren nicht Widerschein, wir waren Feuer: Hier spielt unser Dieter Franke das erste Mal groß auf.

Jetzt erst begann er sich in Berlin wohlzufühlen. Er blieb Sachse, gut, aber Sächsisches war schon Berlinisches geworden. Das hing mit seiner gewonnenen Hingabebereitschaft an Zeit und Gesellschaft zusammen. Aber es waren auch Heinz und Dresen, von denen er sich verstanden fühlte, denen er viel verdankte. Mephisto, Käpt'n Boyle, Kurfürst, Dorfrichter Adam. Solter bittet ihn zum »Testament des Hundes«. Die Kollegen erinnern sich an diesen Abend, aber auch an dieses übergroße Plakat, mit ihm darauf gezeichnet und heute vollgeschrieben mit Hunderten von Unterschriften der Freunde und Kollegen. Es wäre schön, wenn das Theater dieses nun Theatergeschichte gewordene große Blatt Papier erwerben könnte.

Dieter Franke gehörte also zu jenen Schauspielern, die vom Ende der fünfziger Jahre bis in die sechziger Jahre hinein von Wolfgang Langhoff und Wolfgang Heinz, seinem geliebten und verehrten Freunde, engagiert, zum Deutschen

Theater stießen und so die feste Basis bildeten, die bis auf den heutigen Tag unser Theater zu einem der ersten Theater Europas macht, was den Punkt an Quantität der Qualitäten betrifft. Und so bis auf den heutigen Tag einen Anziehungspunkt für alle hervorragenden Schauspieler und Schauspielerinnen bildet.

Der Doppelschlag jedoch, den wir plötzlich durch Herwarts und Dieters Tod erfahren haben, läßt an die Endlichkeit der Vorzüge des DT erinnern und läßt mich aus der traurigen Gegebenheit den moralischen Anspruch erheben:

Bei dem Neubeginn unseres geliebten Theaters nie zu vergessen, daß das DT vor allem ein Theater der Schauspieler und Schauspielerinnen war und ist und bleiben muß. Sie in erster Linie sind es, die den Rest der Größe unseres Hauses bewahrt haben. Sie gilt es zu schützen, zu fördern und ihre Qualitäten zu vermehren.

Schauspielen ist eine unfertige Kunst. Geschaffen, dem Dichter und seinem Werke, dem Publikum zu dienen. Der Schauspieler ist ein besonders Unfertiger.

Das ist das Schöne und Kindliche an diesem Beruf. Wehe, wenn wir kindisch bleiben. Der Schauspieler muß sein ganzes Leben dem Erringen von Fertigkeiten widmen. Doch jede neue Fertigkeit läßt ihn weitere Unfertigkeiten erkennen. Dieser Niedergang ist des Schauspielers Karriere. Goethe sagt: »Der ist der glücklichste Mensch, der das Ende seines Lebens mit dem Anfang in Verbindung setzen kann.«

Ich komme zum Butler:

Solter inszeniert den Wallenstein, und Franke spielt den Butler. Für mich seine reifste Leistung. Da stand ein einfacher Schauspieler auf der Bühne, nur auf einen Stock gestützt. Sein Stock, den er während der Proben aus Verlegenheit erfand, weil er seinem Verhältnis zu Schiller nicht so recht traute. Doch am Ende stand ein anderer Franke auf der Bühne. Im Butler zeigt er uns den großen Charakterdarsteller, der in ihm steckte (den Trutzwackerl, die Plundersweilerner Komödianten, den Boyle, diese alle liebten wir an ihm, aber kannten sie bereits). Doch jetzt begann Dieter den Weg nach Hause wiederzufinden. Ich habe mit ihm über diese Gestaltung, auch über unser beider so verschiedenes Verhältnis zur Klassik gesprochen. Seine bärbeißige Art, den Schiller abzulehnen und dann so groß aufzuspielen – ein Täuschungsmanöver? Kaum, es war vielmehr dieses *Trotzalledem,* welches in ihm steckte und sich im Schlechten wie im Guten zeigte. Ein *Trotzalledem* war seine eiserne Disziplin, die Vorstellung halten zu wollen.

Wir alle wissen, wie krank er schon lange war. Über die Schwere als auch die Vielzahl der Krankheiten täuschten wir uns wie er sich. Wir beobachteten nur den Zustand, in dem er sich manches Mal vor Beginn der Vorstellung befand. Nicht berauscht, o nein, Dieter, ich sagte es schon, war ein disziplinierter Schauspieler; nein, er wand sich in körperlichen Schmerzen, er rang nach Luft. Ärzte kamen, warnten ihn. Doch er schleppte sich auf die Bühne. Während dieses Ganges zur Bühne sich schon erholend und nun Komödiant, der er in jeder Situation blieb, fast bis an sein Ende, das Sich-Schleppen schon ein wenig spielend, betrat er seine Welt im Lichte der Scheinwerfer; und das Überwältigende, er spielte so auf, daß keiner im Saale bemerkte, wie er sich überwand. Hier bewies er die eiserne Härte, mit der er sich so gerne brüstete, die ihm in so vielen Lebenslagen fehlte. Denn während er scheinbar aus dem vollen zu schöpfen schien, sich und andere täuschte, war er oft fürchterlichen Ängsten ausgesetzt, im privatesten ihm bereitet. Doch stand er auf den Brettern, bewies er die eiserne Härte – Franke, der Komödiant.

Ein *Trotzalledem* fand sich auch, als ich ihn überredete, eine gesellschaftliche Funktion zu übernehmen. Sei es die Gründung des Künstlerischen Rates 1968, sei es die Gründung des Rekonstruktions-Aktivs 1980. Er sah die kommenden Niederlagen stets voraus, sein Pessimismus bewies sich später immer als berechtigt, er schimpfte, maulte, druckste – trat bei und arbeitete mit.

Dieter Franke war eine Einmaligkeit. Der Schauspieler hat das gemeinsam mit dem priesterlichen Element jeder Religion, daß er im Vollzug seiner Kunst Momente, Augenblicke der Transzendenz schafft, eines Urerlebnisses, das einmalig ist und nie wiederholbar wird, weil die Beziehung Schauspieler–Zuschauer für jede Situation einmalig bleibt. Dieter Franke war eine Einmaligkeit. Wir sind bestimmt ersetzbar, *the show must go on*, aber nicht wiederholbar, wenn wir über Originalität verfügen. Das ist die Lücke, die Franke reißt. Das gilt für Dieter Franke. Das gilt für Herwart Grosse. Uns, die wir mit ihnen zusammen lebten, ist ihre Einmaligkeit bekannt. Sie lebt in uns fort. Den Jungen aber unserer Zunft, denen die nähere Bekanntschaft mit ihnen am Theater nicht ermöglicht wurde (hier ist nicht der Platz, die Gründe dafür zu erörtern), bleibt die Persönlichkeit unserer beiden Toten auf immer verborgen.
Da liegt der wirkliche Verlust.
Liebe Freunde des Dieter Franke.
Ich wähle diese Anrede bewußt, denn ich kenne keinen anderen unserer Zunft, der so viele Freunde besaß. Der so geliebt wurde. Der selbst bei dem scheinbar Liebesunfähigen noch eine Saite zum Klingen bringen konnte. Und so verzeihen Sie mir, daß die subjektive Schilderung mein letzter Dienst an unserem toten Freund ist.
Morgen ist der letzte Gang. Unser Freund wird einen ihm würdigen Platz als Ruhestätte einnehmen, neben seinem im vorigen Jahrhundert gestorbenen Berliner Kollegen Ludwig Devrient. Waren sich beide in vielem auch sehr unähnlich, so ist die Ähnlichkeit, was ihre Beliebtheit bei Kollegen und Publikum betrifft, unbestritten. Die Zustimmung, die die Wahl dieser Grabstätte bei Ihnen, liebe Freunde, gefunden hat, zeigt unser, der Zeitgenossen, lebendiges Verhältnis zur Tradition. So bleibt durch den großen Mimen Dieter Franke der große Mime Ludwig Devrient in zeitbezogener Erinnerung, und es steht zu erwarten, daß beider Ruhestätte, auch äußerlich, in würdigem Zustand erhalten bleibt.

Dieters letzte Monate der Krankheit wurden durch Ihre Besuche erhellt. Die Vielzahl dieser Besuche und Anrufe ist das eindrucksvollste Zeugnis Ihrer Liebe zu ihm. Möge es uns als lindernder Trost dienen, daß er uns noch einmal gesehen hat.
Weshalb haben wir ihn geliebt?
Dieter Franke paßt in kein Klischee. Er gehörte keiner »Richtung« an, doch auch nicht jener, deren Richtung es ist, keine zu haben. Es war das Allgemeine, was ihn ausmachte, das aber bewirkte, daß etwas Besonderes in uns reagierte, so verschieden wir voneinander sind, denken, handeln, sprechen und hören. Nun wäre es schön und klar, hätte jetzt in dieser Situation, vor der Wiedereröffnung des Deutschen Theaters, Dieter Franke uns ein Vermächtnis hinterlassen, welches Einigendes bewirkte, also seiner Wesensart Entsprechendes. Aber das war eben Dieter Franke: Er hinterläßt keine Vermächtnisse. Er nannte nie die Welt, um sich zu meinen, er meinte immer sich, aber das war eine Welt.
Und so ende ich mit dem Dichter, mit dem ich begann, mit Goethe: »Die Betrachtung, die sich uns nur zu sehr aufdrängt: daß der Tod alles gleich mache, ist ernst, aber traurig und ohne Seufzer kaum auszusprechen; herzerhebend, erfreulich aber ist es, an einen Bund zu denken, der die Lebenden gleich macht, und zwar in dem Sinne, daß er sie zu vereintem Wirken aufruft. Deshalb jeden zuerst auf sich zurückwirft und sodann auf das Ganze hinleitet.«

ANNA SEGHERS

Das berühmteste in der langen Reihe ihrer Werke ist der in alle Weltsprachen übersetzte Roman »Das siebte Kreuz«. Anna Seghers starb am 1. Juni 1983 im Alter von 82 Jahren. Sie war die Präsidentin des Schriftstellerverbandes der DDR bis Hermann Kant 1978 zu ihrem Nachfolger gewählt wurde. Er sprach auf der Trauerfeier im Plenarsaal der Akademie der Künste.

Hermann Kant
WOHIN SIE KAM, WURDE ES ANDERS

Fast hat es ausgesehen, als wollte sie sich behutsam von dieser Welt lösen und habe, in aller Stille, unmerkliche Entfernung versucht. Als habe sie nicht stören wollen.
Allmählich, für Außenstehende ganz allmählich, ging sie fort. Plätze, die ihre gewesen waren, blieben leer und sind, daß wir uns nur recht verstehen, auch leer geblieben. Weil jetzt Kongreßzeit war, rasch die Erinnerung: Vor fünf Jahren hat Anna Seghers bei solcher Gelegenheit halben Abschied von uns genommen, hat »Lebt wohl!« gesagt und vieles damit gemeint, und fortan sah man sie seltener und seltener. Ein sachter Rückzug in die Unerreichbarkeit.
Die Medizin weiß andere Namen, wenn eine müde wird nach achtzig Jahren, nach solchen Jahren in solchem Jahrhundert und nach einem Leben, in dem Müdigkeit nicht erlaubt schien. Aber die Medizin soll uns nicht stören in unserem Glauben, daß Anna Seghers mit Vorsatz handelte, als sie einen Hof aus Stille um sich zog. Sie hatte der Welt gegeben, was sie vermochte, und siehe, es war unzählbar viel gewesen, und nun wollte sie ein wenig Ruhe. Zuerst ein wenig und dann alle Ruhe, die einer haben kann. Wir aber gestatten uns etwas, wozu wir sonst im Umgang mit Anna Seghers kaum Anlaß hatten, wir gestatten uns Widerspruch und

erklären einen ihrer Pläne, den einen vielleicht, für nicht aufgegangen, für unerfüllbar.

Als sie versuchte, sich vergessen zu machen, hatte sie Unmögliches vor, und da verfing nicht einmal ihre Gewalt. Es ist ja nicht nachgetragene Verklärung, wenn wir sagen: Wohin sie kam, wurde es anders, und wenn sie ging, wechselte das Licht. Sie hat solche Wirkung kaum gemocht, aber gewußt hat sie von ihr. Wenn es ein Zauber war, dann hat sie versucht, ihn zu brechen. Kam sie in eine Versammlung und jene Stille fiel herein, die sich herstellt, weil jeder meint, er müsse sich aus Achtung nun anders, vor allem leiser benehmen, dann sagte Anna Seghers eine berechnete Spur zu laut und unbekümmert: »Guten Tag!«, und vor dem Alltagswort stahl sich das Weihevolle aus dem Raum. Beinahe, liebe Anna, und nie ganz. Es war zuviel verlangt von uns, wir sollten gänzlich vergessen, mit wem wir da am Tische saßen.

Wem nicht von uns hatte diese Dichterin Lichter aufgesteckt, wem nicht von uns Jüngeren hatte diese Kämpferin Mut und Lust zu anderen Kämpfen gemacht, wem denn wohl nicht hatte diese Anna Seghers geholfen, dem Leben auf seine Namen zu kommen. Sie hatte uns von der Bewandtnis der Welt erzählt und hatte uns gesagt, was es auf sich hat mit Menschen und Menschlichkeit. Vor so einer besonderen Lehrerin, die uns in so besonderen Fächern unterwies, durften wir uns schon ein wenig besonders benehmen.

Das war erlaubt, aber nicht erlaubt waren devote Lispeltöne, und auch der allzu laute, allzu gewisse Ton war nicht erlaubt. Anna Seghers ist in vielem eine Meisterin gewesen, und in der Kunst, Zweifel zu nehmen und Zweifel zu geben, war sie es gar. Man wird die Leute nicht zählen können, die einen Halt gefunden haben an einer Geschichte, einer Gestalt, einem Satz aus dem Werk dieser wunderbar überredenden, dieser gütig zuredenden und bitter zuredenden Frau.

Und jene anderen Leute werden sich nicht gern zählen lassen wollen, denen eine Seghers-Bemerkung wie von Pfeffer und Salz im Felle brennt oder denen nach einem eingeflochtenen Seghers-Wort noch immer die allzu viele Luft entweicht.

Wenn wir uns nun, linkisch genug, zu dem Versuch anschicken, ohne Anna Sehgers auszukommen, dann danken wir solche Tollkühnheit auch dem Irrtum, sie habe uns die unbegleitete Bewegung seit längerem eingeübt. Wahr ist aber nur, daß wir weiter müssen und nichts von Ihr verstanden hätten, wenn wir den Auftrag verweigerten oder uns vor seiner Größe bis in die Erstarrung fürchteten.

Wahr ist auch, daß wir, von nun an immer wieder einmal in Lagen kommen werden, in denen wir still nach Anna Seghers schreien oder laut um ihren Zuspruch bitten. Vom Talent nicht zu reden, haben wir auch die Erfahrung nicht und ahnen sehr, daß mit dem Wort von der Unersetzlichkeit der Künste auch die Unersetzlichkeit des Künstlers oder doch ganz bestimmt dieser Künstlerin gemeint sein könnte.

So hat alles behutsame Abschiednehmen nicht geholfen, Anna – Du fehlst hier, Du fehlst hier gar sehr.

Aber daß es Anna Seghers gegeben hat, wird morgen helfen; wie es gestern half. Anna Seghers hat ihre Spur weit nach vorn in die Geschichte geschrieben. So sehen wir einen Weg.

HEINRICH BÖLL

Der Träger des Nobelpreises für Literatur starb im Alter von 67 Jahren am 16. Juli 1985. Die Familie hatte das Angebot der Stadt Köln abgelehnt, die Trauerfeier am Tage der Beisetzung auszurichten. Nach einem schlichten Gottesdienst, dem nur Verwandte und einige Freunde beiwohnten, folgte freilich ein langer Trauerzug dem Sarg, den Schriftsteller zum Grab auf dem Friedhof am Berghang über Köln-Bornheim trugen. Einer von ihnen war Günter Wallraff, der einige Wochen danach auf einer Hommage der Stadt Köln für ihren Ehrenbürger Heinrich Bölls gedachte.

Günter Wallraff
KEIN ABSCHIED VON HEINRICH BÖLL

Ich kann mir für Heinrich Böll keine Abschiedsrede einfallen lassen, keinen wohlgesetzten Anfang und keinen würdigen Abschluß finden. Es liegt daran, er ist für mich nicht wirklich tot.
Er ist in seinen Gedanken, Werken und Taten noch so lebendig wie kaum ein anderer Autor. Er läßt uns nicht in Ruhe und sperrt sich, vorschnell eingeordnet, klassifiziert und für jedermann verfügbar und damit auch mißbraucht zu werden. Er wird dieser Gesellschaft – so wie sie beschaffen ist – noch lange nicht den Gefallen tun, als Klassiker zu festlichen Anlässen in Dienst genommen zu werden, in einer Welt, die – so Böll – »nach Ausbeutung stinkt«.
Was wäre die Bundesrepublik ohne Heinrich Böll? Sie wäre geistig noch ärmer. Man muß sich erinnern: zu Adenauers Zeiten deckte Böll das Zusammenspiel von Kapital und Klerus auf. Unter Druck gesetzt, begann sich der Katholizismus von Fossilem und Erstarrtem zu lösen. Ohne Böll wäre die katholische Amtskirche heute eine noch bedrohlichere und mächtigere Institution – auch außerhalb Bayerns. Hätte diese Kirche auch nur etwas von der praktizie-

renden Nächstenliebe und ur-christlichen »fürchtet-euch-nicht«-Demut eines Heinrich Böll, und sie könnte wieder Zuflucht werden.
Ohne Böll wäre die Kriegsdienstverweigerung mit noch mehr Repressalien verbunden. Der extreme Zivilist hat mit dazu beigetragen, Verweigerung zu einem selbstverständlichen Recht zu machen. Böll war es, der meinen Weg als Autor entscheidend beeinflußt hat. Ohne seine frühen Werke, die uns ein Deutschlehrer nahebrachte, der als Freiwilliger in den letzten Krieg ging und als Pazifist zurückkehrte, wäre es bei mir wahrscheinlich nicht zu der Konsequenz gekommen, den Kriegsdienst zu verweigern, auch innerhalb der Truppe. Um durchzuhalten, führte ich Tagebuch: meine ersten Schreibversuche. Von Geschichte hatte ich wenig Ahnung. Böll vermittelte mir Geschichtsbewußtsein anhand meiner eigenen Aufzeichnungen. Heinrich Böll hat dann zu meinem Bundeswehr-Tagebuch auch das Vorwort geschrieben. So wurde ich Dank seiner Hilfe zum Schriftsteller.
Böll ermutigte. Er förderte, beriet und unterstützte Kollegen, ohne davon Aufhebens zu machen. Seine Hilfe war nie demonstrativ, sie war immer persönlich. Und von gleich zu gleich.
So hat allein die Tatsache, daß es Böll gab, Mut gemacht. Auch wenn man ihn lange nicht gesehen hatte und wußte, wie überfordert und vereinnahmt er war, wie wenig er noch zu sich selber kam, wie er Anlaufstelle war für Verfolgte und Verzweifelte, für Emigranten und Asylanten, wie er dabei als Institution auch mißbraucht wurde – es entlastete und beruhigte oft andere zu wissen, daß Böll aktiv geworden war.
Er hat sein dauerndes Zur-Verfügung-Stehen selbst sinngemäß einmal so definiert: für ihn seien »die sieben Tugenden der Barmherzigkeit« eine Selbstverständlichkeit. Nämlich: Die Hungernden sättigen, die Durstigen tränken, die Kranken trösten, die Toten beerdigen, die Nackten bekleiden, die Gefangenen besuchen, die Fremden beherbergen.
Böll schlug vor »eine Art Litanei-Anhang« zu machen und

zu sagen: »Die Hungernden sättigen, die Fremden beherbergen usw., auch wenn es ›chilenische Kommunisten‹ sind, auch wenn es ›sowjetische Dissidenten‹ sind.« Und auf unsere jetzige Situation übertragen im Sinne von Böll »auch wenn es türkische Gastarbeiter sind, auch wenn es pakistanische Asylanten sind«.

Menschlichkeit und Hilfe war für ihn unteilbar. Er war im Gegensatz zu seinen Kritikern auf keinem Auge blind. In einer Gesellschaft, die so total auf Konsum und Egoismus aufgebaut ist, einer reinen Leistungsgesellschaft, wird der Rang und Wert des Menschen ausschließlich daran gemessen, was er besitzt oder leistet, und nicht, was er erleidet. In so einer Gesellschaft, in der die Tugenden der Barmherzigkeit geradezu als Untugend gelten, bleibt diese Aufgabe aber letztlich an wenigen hängen, und zu diesen wenigen gehörte Böll.

Die Tatsache allein, daß es ihn gab, bedeutete oft schon Schutz, Wärme, Hilfe. Ich kann mir vorstellen, daß allein seine geistige Nähe gewisse staatliche Institutionen etwas bremste, auch Medien, die einen sonst vielleicht schon vernichtet hätten, noch etwas in Schach hielt. Die Tatsache, daß es ihn nicht mehr gibt, macht nun viele schutzloser und vogelfreier, rückt sie wieder stärker ins Visier der jeweiligen Jagdgesellschaften.

Böll war dabei von einer Güte, die selbst denen zugute kam, die eigentlich seine Feinde waren. Er glaubte und hoffte bis zuletzt auch an die Entwicklung, die Änderungsmöglichkeit und Lernfähigkeit seiner Gegner. Es gab zum Beispiel einen Bundespräsidenten, der ihn aus einer denunziatorischen Dümmlichkeit und Voreingenommenheit heraus verunglimpft hat, als er, damals noch Fraktionsvorsitzender, öffentlich erklärte: »Ich fordere die ganze Bevölkerung auf, sich von der Terrortätigkeit zu distanzieren, insbesondere auch den Dichter Heinrich Böll, der noch vor wenigen Monaten unter dem Pseudonym Katharina Blum ein Buch geschrieben hat, das eine Rechtfertigung von Gewalt darstellt.«

Dennoch hat Böll diesem Mann nicht die Tür gewiesen, als er Jahre später einmal als »einsamer Wanderer« vor seinem Haus stand und darum bat, einkehren zu dürfen. Es war für Böll eine Selbstverständlichkeit, auch solche Menschen, in deren Geist schließlich auch die Haussuchungen bei Böll und seinen Familienmitgliedern stattfanden, willkommen zu heißen.

Während er selber, als er 1972 in einer beispiellosen Hetzkampagne verfolgt wurde und in ganz Deutschland nach einem Forum suchte, in dem er auf die Angriffe antworten konnte, nicht einmal in Köln eine Möglichkeit fand, sondern in den Spalten einer liberalen Zeitung in München. Wir wollen das hier in Köln nicht vergessen.

Die Tatsache, daß in dieser Gesellschaft so wenig Versöhnung, so wenig Verzeihen stattfindet, hat ihn dann in den letzten Jahren immer verzweifelter werden lassen. Er wurde zunehmend trauriger, trostloser, auch hoffnungsloser. Sonst spricht man ja immer davon, daß jemand im Alter geläuterter wird, abgeklärter, und sich dann mit vielem abfindet. Bei Böll war es genau umgekehrt: je älter er wurde, um so radikaler wurde er. Vielen blieb seine Radikalität fremd, diese Liebe und Menschlichkeit, die keinen Essay schreibt über »Menschenliebe und Humanismus«. Ein Kritiker hat in seinem letzten Roman »Frauen vor Flußlandschaft« einen Totalverriß der Bundesrepublik Deutschland gesehen. Das ist wohl wahr.

Heinrich Böll war der hierzulande nicht eben häufig vorkommende Erinnerungsarbeiter, der die Fähigkeit zu trauern vom Trümmerdeutschland der späten vierziger Jahre bis zum Mutlanger Raketendeutschland der frühen achtziger Jahre bewahrte.

In seinem letzten Rundfunkinterview erinnert er sich: »Da kam Ende der vierziger, Anfang der fünfziger Jahre der Kalte Krieg, die ersten Anzeichen der Remilitarisierung, oder sagen wir Wiederbewaffnung. Und damit wurde ganz klar, daß die alten Kräfte der Industrie, die ja Hitler finanziert

hatten, nachweisbar, wie zum Beispiel Flick, ihr Geld an den KZs verdient hatten; daß diese alten Kräfte in der Wirtschaft stärker als im Militär wieder anfingen zu herrschen. Ich nenne das Beherrschung und nicht Regierung.«
In einer synthetischen Welt ohne Erinnerung ist alles dem Untergang geweiht, hat Böll gemeint. Zerstörung, Auslöschung von Erinnerung ist immer seine Angstvorstellung gewesen. Eine Menschheit ohne Erinnerung ist für ihn der Alptraum der Geschichtslosigkeit. »Der gute Deutsche«, als der Böll im Ausland galt und als der er der Bundesrepublik einen Kredit verschaffte, den sie so gar nicht verdient hat, war Böll nicht zuletzt deshalb, weil er sich gegen diese Auslöschung von Erinnerung gewehrt hat. Er ist der »Moralist Böll« geworden, als in der Bundesrepublik kalte Machtvorstellungen über moralische Kriterien zu dominieren begannen. Man hat ihn dann in die Rolle des »Gewissen der Nation« gedrängt. Dagegen hat er sich gewehrt, weil da eine Heuchelei stattfinde. Denn das kann ja eigentlich auch nur eine sehr gewissenlose Gesellschaft sich leisten, ihr Gewissen an einen Einzigen zu delegieren. Nur eine Gesellschaft, die sich selbst kein Gewissen mehr leistet, hat es nötig, einem einzigen diese Bürde aufzutragen. Eine Gesellschaft, die meint, sie habe es wegen ihrer wirtschaftlichen Aufbauleistungen nicht mehr nötig, an Auschwitz erinnert zu werden, so Strauß.
Andererseits dann aber – und diese Rolle hat Böll so gern und hartnäckig ausgefüllt, daß es dieser Gesellschaft schon wieder lästig war –, Böll als das Gedächtnis der Nation. Da war er wunderbar altmodisch. Das, was nicht bewältigt war und ist, das wollte er nicht abgehakt wissen unter einem der entsetzlichsten Begriffe der Nachkriegszeit: der sogenannten *Wiedergutmachung*. Was da heißen sollte: sich mit der neuen harten Währung von einer nie zu tilgenden Schuld freikaufen. Das war seine Überzeugung: daß man mit Geld eines der größten Verbrechen der Menschheitsgeschichte nicht tilgen kann wie einen Kredit bei einer Bank. Da hat

er nie nachgegeben, das blieb sein Dauerthema: über eines der schlimmsten Verbrechen kann ein Menschenleben nicht hinwegkommen.

Und dafür hat er sich mit seinem Werk verbürgt. Als er dann merkte, wie wenig er da aber bewirken konnte und oft im Ausland mehr verstanden wurde als im eigenen Land, trotz hoher Auflagen, hat er sich von der bundesrepublikanischen Truppe entfernt. Es war zum Beispiel in den letzten Jahren von ihm ein Traum, ein Land wie Nicaragua langfristig zu besuchen und sich dort in einem neuen Modell christlich-sozialistischer Prägung umzusehen, um neue Phantasie zu entwickeln. Das war durch seine Krankheit nicht mehr möglich.

Heinrich Böll wirkte auf mich immer – selbst als er schon so krank war – wie einer der jüngsten Autoren, während manche jungen, allzufrüh vollendeten, ehemaligen Heißsporne mir oft wie Greise erscheinen. Weil er es auch immer wieder schaffte, überraschend, zu Zeitpunkten, wo es keiner erwartete, das Unerwartete, Unbequeme und Störende beim Namen zu nennen. Er forderte: »Wer Augen hat zu sehen, der sehe ... Der Blindekuh-Schriftsteller sieht nach innen, er baut sich eine Welt zurecht.« Er hat nie Ruhe gegeben, hat sich in dem Spielraum, den man ihm längst gestattete, nie bequem eingerichtet.

»Wir dürfen uns nicht fürchten, zu weit zu gehen«, hat er einmal gesagt, »und ich werde mir die Hoffnung auf diese *Utopie* nicht ausreden lassen.« Er verlagerte seine Utopien nie ins Jenseits, er benannte sie mit seiner schnörkellosen Klarsichtigkeit als – so Böll wörtlich – »eine profitlose und klassenlose Gesellschaft«. Es ist überhaupt interessant, daß es bei uns oft Ältere sind, die diese Unerschrockenheit besitzen, dieses Aufrührerische. So hat Böll zum Beispiel nie das Recht als Selbstzweck angesehen. Für ihn war etwa das staatliche Recht gleichzeitig immer auch schon im Keim das mögliche Unrecht, der Machtmißbrauch. Er hat bewußt Polizeiverordnungen und formales Recht gebrochen, um statt dessen Menschenrechte durchzusetzen. Das ging bis zur Fluchthilfe, als er einen Verfolgten im Kofferraum seines Wagens versteckt über Grenzen brachte.

Die Heuchelei vieler seiner Gegner bestand darin, daß sie genau wußten, daß Böll zum Beispiel vielen Schriftstellern in der Sowjetunion geholfen hat, worüber er selber nie sprach, auch um diesen bedrängten Autoren nicht zu schaden und weil er nur helfen konnte, indem er das alles nicht an die große Glocke hing; dann mußte er aber immer wieder erleben, daß man ihm vorwarf, daß Bücher von ihm in der Sowjetunion in hohen Auflagen erschienen, obwohl die, die ihm das vorwarfen, genau wußten, was er mit den Rubeln machte: nämlich verfolgte Autoren finanziell zu unterstützen.

Seit Heinrich Böll tot ist, erleben wir von Staatsseiten viel heuchlerische Pflichttrauer. Nach der Devise: Erst ein toter deutscher Dichter ist ein guter deutscher Dichter!

Erlauben Sie mir zum Schluß noch kurz ein paar persönliche Gedanken, wie ich sie am Todestag von Heinrich Böll empfand:

Dienstag, 16. Juli

Heinrich Böll ist tot.
Es wird dunkler und kälter mitten im Sommer.

Hein, du hast hingeschmissen
Deine Venen und Nerven
waren nicht aus Stahl.
Du hast an allem gelitten
und geholfen, selbst da,
wo gnadenlose Jagd angesagt war.
Mit manchen Ehrungen, die Du über
Dich ergehen lassen mußtest
haben sich Deine Ehrer mehr Ehre angetan als Dir.
Und gegen Deine Lobredner von Staatsseiten

und ein paar Aasgeier von der Kritikerzunft
die Dich zu Lebzeiten
nicht mundtot machen konnten
kannst Du Dich nun nicht mehr wehren.

Die Deine Werke nicht lesen
werden Dir ein monumentales Denkmal setzen.
Sie wollen Dich und das Aufrührerische
Deiner Gedanken einmauern.

Hein, es gibt keinen
der an Deine Stelle treten
und dich ersetzen könnte.

Wir sind ärmer geworden.

Wir können von Dir lernen:
das Richtige auch zum nicht-opportunen
Zeitpunkt
zu sagen und zu tun.
An den Menschen und nicht an Institutionen
zu glauben,
keiner starren Ideologie zu verfallen,
den jeweils Mächtigen zu mißtrauen.

Und wenn wieder Gleichschritt angesagt:
zu stolpern, um aus dem Tritt zu kommen.
Eher desertieren als zu marschieren.
Widerstand leisten!
Nicht erst, wenn's zu spät ist
in Diktaturen.
Leben und Werk nicht zu trennen
– so wie Du es vorgelebt –
so bist Du nicht tot.

HERMANN AXEN

Als Mitglied des Politbüros des ZK der SED und Sekretär für internationale Belange war er mitverantwortlich für die Deformationen und das Desaster seiner Partei und der DDR. In seiner Rede auf der Trauerfeier für den am 15. Februar 1992 im Alter von 75 Jahren Verstorbenen würdigte Dr. André Brie, damals stellvertretender Vorsitzender der PDS, Hermann Axen als einen Politiker, dem Respekt selbst bei politischen Gegnern bis zum Tode erhalten blieb.

André Brie
Ein Leben in der Tragik und Hoffnung deutscher Geschichte

Liebe Sonja, liebe Kathrin, liebe Sophka, es ist schwer, an solchen Orten und zu solchen Gelegenheiten richtige Worte zu finden.

Mit dem Tod des Genossen Hermann Axen ist ein Leben zu Ende gegangen, das, wie nur ganz wenige, die Tragik, Gegensätzlichkeit, Hoffnungen der deutschen Geschichte seit dem ersten Weltkrieg widerspiegelt. Da waren der von den gesellschaftlichen Konflikten der Weimarer Republik, der Weltwirtschaftskrise und dem Widerstand gegen die Allianz von Kapital und Faschismus geprägte Traum und Anspruch auf eine humanistische, sozial gerechte und friedliche Gesellschaft und der persönliche Einsatz seines ganzen Lebens für diese Ideale. Da war schließlich die selbst eingestandene große Mitverantwortung für eine Gesellschaftsrealität, die ihre eigenen Ideale selbst zerstörte und in diese schwere Niederlage der antikapitalistischen Bewegung führte.

Aber kein Leben läßt sich beschreiben, indem man nur seine Pole benennt. Hermann Axen war eine ungewöhnlich reiche Persönlichkeit, reich an Erleben, an Bildung, an politischer Wirkung, Gedanken, menschlichen Beziehungen.

Als stellvertretender Parteivorsitzender der PDS nehme ich bewußt und bewegt Abschied vom Genossen Hermann Axen, dessen Verhältnis zur sozialistischen Idee bis zu seinem Tode am 15. Februar unerschütterlich war. Er blieb in seiner Überzeugung fest, nicht weil er zu schmerzhaften Einsichten nicht fähig war oder weil er sich nicht mehr von einer Lebenslüge freimachen konnte, wie es sein »geläuterter« Kollege im Politbüro der SED, Günther Schabowski, bezeichnete. Nein, er blieb seinen Idealen treu und sich selbst aus tiefer Einsicht in eine gesellschaftliche und globale Realität, die nichts, aber auch gar nichts von der Notwendigkeit beseitigt hat, für gesellschaftliche Verhältnisse zu streiten, in denen nicht die kalte Diktatur des Geldes den Wert des Menschen und die gesellschaftlichen und menschlichen Beziehungen bestimmt. Die Festigkeit seiner inneren Haltung erklärt sich aber vor allem daraus, daß er die Kraft, Kultur und Fähigkeit zur selbstkritischen Einschätzung seiner und unserer Geschichte besaß. Hier begann in den letzten zwei Jahren seines Lebens eine neue Verbindung mit uns, die wir gemeinsam auf der so schwierigen Suche sind, unser Verhältnis zu dieser Geschichte zu bestimmen und die neuen Wege unseres Ringens um eine gesellschaftliche Alternative zu finden.
Hermann Axen wurde angesichts seines Gesundheitszustandes nach der Wende nicht vor die Schiedskommission geladen. Er blieb ein engagiertes Mitglied der PDS. Er arbeitete bis in die letzten Stunden seines Lebens nach strengem persönlichen Zeitplan daran, Erfahrungen und Kenntnisse festzuhalten, die für die gesamte Linke von Bedeutung sind. Auch wenn er bei weitem nicht alle Positionen und Erklärungen der PDS teilte, blieb er uns solidarisch und kritisch verbunden und immer bereit, uns aktiv und praktisch zu helfen.
Liebe Freunde, Genossinnen und Genossen, bis zu seinem Tode konnte es Hermann Axen nicht verwinden, daß ihm gerade dann der Mut gefehlt hatte, als für ihn persönlich

weit weniger auf dem Spiel stand als damals, als er dem Faschismus widerstand. Die Hölle der faschistischen Konzentrationslager in Vernet, Auschwitz und Buchenwald – auch dank menschlicher Solidarität unter unmenschlichen Verhältnissen – überlebend, war sein Lebensinhalt nach der Befreiung Deutschlands vom festen Willen geprägt, mit der DDR einen Beitrag zu einem anderen, antifaschistischen, sozial gerechten und friedlichen Deutschland zu leisten, in dem die Wurzeln für Kriegsgefahr und Ausbeutung beseitigt sein sollten.

Es läßt sich heute nur schwer erahnen, wie die Befreiung aus dem Konzentrationslager, aus den Schrecken von SS-Barbarei und Krieg – selbst gebrandmarkt für alle Zeit des Lebens mit einer blauen Nummer auf dem Arm, und mit ruinengewordenen Zeugnissen der Katastrophe des kapitalistischen Systems konfrontiert – auf den noch jungen Hermann gewirkt haben muß. Und mit dem fast nahtlosen Übergang des heißen in den kalten Krieg wurden sicherlich Wurzeln dafür gelegt, daß Deformationen der sozialistischen Idee und Praxis in Osteuropa und in Deutschland von ihm, wie von vielen, verdrängt und geduldet wurden. In schmerzlich selbstkritischer Analyse erkannte er nach 1989, wie kaum jemand aus seinem ehemaligen Arbeitskollektiv, daß es ihm vor allem an jenem Mut gemangelt hatte, eigene längst vorhandene Einsichten zur Sprache zu bringen. So fehlte ihm auch die Möglichkeit, über die DDR-gewordene Wirklichkeit gesellschaftlicher Stagnation hinauszugehen und sich in der Partei, die für ihn immer die entscheidende Kraft zur Gestaltung und Entwicklung war, für neue, den Stillstand und Rückschritt überwindende Wege einzusetzen. Hermann Axen war Antifaschist, ein unermüdlicher Streiter für Frieden und Abrüstung und Internationalist. Der Respekt selbst bei politischen Gegnern blieb ihm bis zum Tode erhalten. Vielleicht hat kein Grundsatz sein politisches Wirken so sehr bestimmt, wie die Maxime, daß von deutschem Boden nie wieder Krieg ausgehen dürfe. Friedensengagement, die Suche nach neuen Dialogmöglichkeiten und nach Abrüstung bestimmten seine politische Aktivität in den letzten Jahrzehnten. Vor allem gemeinsam mit der SPD entwickelte er Ansätze für die Verwirklichung gemeinsamer, nichtmilitärischer Sicherheit. In den Konzepten der neuen Ostpolitik Willy Brandts und des Wandels durch Annäherung Egon Bahrs fand er dafür viele Ansatzpunkte und in der SPD solide Verhandlungspartner. So hat auch das Streitpapier SED-SPD – bei all seinen Mängeln aus unserer Sicht – im politischen Wirken Hermann Axens eine wesentliche Grundlage.

Hermann Axen besaß große internationale Autorität in der antifaschistischen Widerstandsbewegung, in der internationalen Arbeiterbewegung, unter Diplomaten, aber auch in liberalen und bürgerlichen Kreisen. Es waren nicht nur seine politische Funktion und Position, die ihn zu einem gesuchten Gesprächspartner machten, sondern seine Bildung und Belesenheit. Sein Interesse für Kultur und Geschichte und die kontinuierliche Lektüre deutscher und fremdsprachiger Literatur ließen praktisch bis zum letzten Tag seines Lebens nicht nach.

Liebe Sonja, Du hast in allen, auch den schwierigsten Perioden seines Lebens fest und warmherzig an Hermanns Seite gestanden. Du hast auch mit ihm gemeinsam die große Niederlage seines Lebens, die sich mit dem Scheitern der DDR verbindet, durchlebt. Der Versuch, die Ideale Eurer Jugend Realität werden zu lassen, wurde zunichte. Du hast genauso wie er daraus aber nicht die Schlußfolgerung gezogen, auf Distanz zu diesem Lebensanspruch zu gehen. Ich bin mir sicher, daß die lange Partnerschaft mit Hermann Axen nicht nur eine wichtige Kraftquelle für Dich war, sondern die Erinnerung und das, was Dir an Erlebnissen und Erfahrungen niemand nehmen kann, eine solche Quelle von Kraft und Mut auch in Zukunft bleibt. Liebe Kathrin und liebe Sophka, ich glaube, daß so etwas auch für Euch gilt, daß Ihr von Eurem Vater nicht nur Liebe gespürt habt,

sondern in ihm auch einen klugen und streitbaren Partner hattet.
Wir werden Genossen Hermann Axen nicht vergessen. Er gehört zu uns, zu unserer Geschichte, zu unseren Siegen und Niederlagen, zu unserem unaufgebbaren Anspruch auf ein sozial gerechtes, demokratisches und von der Ausbeutung anderer befreites Gemeinwesen.
Leben wird erst mit dem Blick aus der Geschichte umfassend beantwortbar. Was wir aus dem Leben Hermann Axens machen, ist nun allein unsere Verantwortung. Vielleicht kann uns eine achthundert Jahre alte Weisheit des chinesischen Philosophen Zhu Xi dabei leiten: »Hat man etwas erkannt, so sind die Erkenntnisse, ehe man ihnen entsprechende Handlungen folgen läßt, noch oberflächlich. Erst, wenn man selbst in die Bereiche des Bekannten eingedrungen ist, wird das Wissen darüber klarer, und so kann es auch nicht mehr mit dem früheren Wissen verglichen werden, das noch nicht erprobt worden ist.«

GERHARD RIEGE

Der Professor für Staatsrecht war seit Dezember 1990 Mitglied der Gruppe PDS/Linke Liste im Deutschen Bundestag. Am 15. Februar 1992 setzte der 61jährige seinem Leben ein Ende. »Ich habe Angst vor dem Haß, der mir im Bundestag entgegenschlägt«, schrieb er in einem Abschiedsbrief. Der seinerzeitige Vorsitzende der PDS/Linke Liste im Bundestag, Dr. Gregor Gysi, und der Gießener Prof. Dr. Helmut Ridder sprachen auf der Trauerfeier am 6. März 1992 in Jena.

Gregor Gysi
DIE ANGST EINES STILLEN MENSCHEN

Liebe Helga Riege, liebe Katharina, liebe Andrea, lieber Frank, liebe Gabriele, lieber Helge, lieber Reinhard, liebe Verwandte, liebe Freundinnen und Freunde, liebe Genossinnen und Genossen von Gerhard Riege, verehrte Anwesende.
Dein geliebter Ehemann, Euer geliebter Vater und Schwiegervater, Euer Großvater, Euer Genosse, Freund, Kollege oder Lehrer Gerhard Riege lebt nicht mehr. Sein Leben verlief nicht kleinlaut und demütig, nein, es verlief reich an persönlichem Glück, an wissenschaftlichen Leistungen, an politischem Engagement. Sicherlich nicht frei von Irrtümern, aber selbstbewußt, nicht feige und voller Leidenschaft. Wer erlebt hat, wie stolz er von Dir, Helga, von den Kindern und Enkelkindern erzählte, der weiß, wie viel Ihr ihm bedeutet habt, wie glücklich und geborgen er sich in Eurer Familie fühlte.
Wer ihn als Hochschullehrer erlebte, der weiß, wie er an seinen Studenten hing, wie gründlich und sauber er forschte und wie stark ihn seine Abwicklung von der Universität treffen mußte. Aber es war Licht zu sehen, denn kurz vor seinem Tode konnte sein Freund und Anwalt Schmitt-Lehrmann ihm mitteilen, daß er einen Vertrag als Hochschul-

lehrer der Friedrich-Schiller-Universität Jena wiedererhalten wird, trotz der Mitteilung der Gauck-Behörde über fast bedeutungslose Vorgänge, die länger als 30 Jahre zurückliegen. Zweimal sollte Gerhard Riege Rektor der Friedrich-Schiller-Universität werden. 1983 verhinderten es bestimmte SED-Funktionäre, er war ihnen zu unbequem. 1990 wurde er zum Rektor gewählt, aber die Charakterlosen ließen das Ergebnis nicht gelten, denn er hätte für sie den Spiegel bedeutet, der ihnen ihren früheren und heutigen Opportunismus stets vor Augen geführt hätte.

In der Abgeordnetengruppe der PDS/Linke Liste im Deutschen Bundestag war er die unumstrittenste Persönlichkeit. Das lag vor allem an der Klarheit seiner Argumente, seiner Bescheidenheit und menschlichen Wärme. Jeder und jede von uns mochte ihn.

Gerhard Riege war weder feige noch wendehälsig. Als so viele seiner Kolleginnen und Kollegen, die mit der alten Macht ein engstes Verhältnis hatten, sich nicht schnell genug der neuen anbiedern konnten, da blieb er seinen Überzeugungen verpflichtet, da bekannte er sich öffentlich zu ihnen und übernahm ein politisches Mandat und kämpfte um demokratische Einordnung für sich und andere. Was mußte er dafür alles an Beschimpfungen und Verletzungen hinnehmen, nicht nur die Protokolle des Bundestags belegen dies.

Es war nicht die Natur, die in der Folge der Generationen sein Leben forderte, nein, er beendete sein Leben selbst, obwohl er glücklich in seiner Familie war, obwohl er gesund war, obwohl er mutig war, also grundlos? Nein, Gerhard Riege hatte eine unbändige Angst, und niemand von uns vermochte es, sie ihm zu nehmen. Haben nicht auch viele von uns sich anstecken lassen von einer Hysterie, obwohl doch Vernunft, Rationalität, Besonnenheit und Solidarität die wichtigeren Werte sind? Aber in einer Zeit, in der Medien gnadenlos verdächtigen, verleumden und zuschlagen, in der kann die Angst eines stillen Menschen, dem die

Mittel fehlen, sich zu wehren, diesen überfordern. Was ist heute in der Öffentlichkeit noch die Wahrheit eines Lebens im Vergleich zu einer Karteikarte eines untergegangenen Geheimdienstes? Fast nichts. Wer fragt überhaupt noch nach solcher umfassenden Wahrheit? Wenn aber Aufarbeitung der Vergangenheit unter so einseitigen, irrationalen, zweckbestimmten Kriterien verläuft, dann dient sie der Schürung von Hysterie, der Sensationsmache, den Verkaufszahlen von Zeitungen, der Denunziation und der Ablenkung von wichtigen politischen, ökonomischen, ökologischen, sozialen, wissenschaftlichen und kulturellen Problemen, mit Sicherheit aber nicht der Wahrheit. Aufarbeitung der Vergangenheit aber verlangt vor allem Wahrhaftigkeit, an der es gegenwärtig so sehr mangelt.

Es gibt keine Mörder von Gerhard Riege, aber Schuldige an seinem Tod, und die meisten von ihnen haben nicht einmal einen Moment lang eingehalten, wirkliche Betroffenheit gezeigt, sondern an ihrer anmaßenden Stellung, Schicksal zu spielen, festgehalten. Auch das ist Macht, und Macht scheint immer zu korrumpieren. Ich frage, wer eigentlich hat das Recht, einen Menschen wie Gerhard Riege in eine so verzweifelte Situation zu stürzen, ihm solche Angst zu machen, für nichts und wieder nichts?

Aber Gerhards Tod hat die Nachdenklichen nachdenklicher, die Zweifelnden zweifelnder und diejenigen, die die ganze Wahrheit wollen, entschlossener gemacht. Gerhard Riege hat sich geopfert, auch um solches zu erreichen und seine Familie vor Verfolgung zu schützen. Das tut unheimlich weh, aber es zeugt von seiner Gradlinigkeit und seinem Charakter. Niemand, liebe Helga, liebe Kinder, kann Euch den geliebten Mann und Vater und uns unseren Freund, Genossen und Kollegen wiedergeben, aber Ihr könnt und wir können stolz auf ihn sein, und wir können und müssen verhindern, daß sein Tod umsonst war.

Herr Pfarrer, ich möchte Ihnen danken, haben Sie doch bewiesen, worauf zu hoffen Gerhard Riege nicht mehr die

Kraft hatte, was ihm aber so wichtig war, Kultur und Toleranz. Wirklicher Trost ist nicht zu geben, liebe Helga, liebe Kinder, aber was bleibt ist ein starkes und reiches Leben, ist die Erinnerung. Letztlich werden Liebe, Wahrheit und Wahrhaftigkeit den Haß, die Lüge und die Kälte besiegen. Und das wird dann auch die Träume und Hoffnungen von unserem Gerhard erfüllen.

Dr. Helmut Ridder
SIEGESRAUSCH UND UNTERWERFUNGSJAMMER

Sehr verehrte liebe Frau Riege, verehrte Familie Riege. Sehr geehrte Freunde, Kollegen, Mitarbeiter und Schüler von Gerhard Riege!
Ich danke Ihnen allen dafür, daß ich in dieser unwiederholbaren Stunde zu Ihnen sprechen darf.
Wir haben uns hier nicht versammelt, um von Gerhard Riege Abschied zu nehmen oder ihn gar zu verabschieden. Wir wollen verstehen, was wir betrauern, und bedürfen dazu seiner Hilfe. Noch sind wir dabei, Fäden der Erinnerung und der Erwartung zu einem immer deutlicheren Bild zu verknüpfen, das wir, seiner gedenkend, mitnehmen und nicht unter den Scheffel stellen wollen. Wir wissen, daß die irdische Zeit nur kommt und geht und nicht verweilt. Wir wissen, daß unsere Geschichte die Existenzweise der aus jüdischen, antiken und christlichen Wurzeln hervorgegangenen und recht eigentlich erst durch ihre Häresien lichter werdenden europäischen Zivilisation ist und daß sie dadurch wird, daß die Menschen und Gesellschaften, um überhaupt leben zu können, sich immer eine Gegenwart erschaffen müssen. Wir wissen, daß der Weitergang der Geschichte dadurch bestimmt wird, daß die Menschen und Gesellschaften, um überhaupt leben zu können, sich immer eine Gegenwart erschaffen müssen. Wir wissen, daß der

Weitergang der Geschichte dadurch bestimmt wird, wie es schon bei der Erschaffung der Gegenwart mit der Stärke und Unbefangenheit der Einsicht in die nie mehr zu verändernden Geschehnisse der Vergangenheit und der Ehrlichkeit des daraus in Ansehen von Möglichkeiten der Zukunft hergeleiteten Wollens und Handelns bestellt ist. Wir wissen, daß das Leben und Wirken des Professors Gerhard Riege, der die Pflichten seines Lehre und Forschung miteinander verbindenden Hochschulamts geliebt hat, jetzt auch eine Vergangenheit ist, über deren zukunftsweisende Gegenwartsmächtigkeit wir durch unseren Umgang mit ihr mit entscheiden.

Es gibt in dem durch seine Veränderungen nach Maßgabe wachsender Erkenntnis, vermehrter Erfahrung und verfeinerter Sensibilität für Zeichen an der Wand mit sich selbst gerade identisch bleibenden wissenschaftlichen Lebenswerk von Gerhard Riege keine Wende. Dieses vom Denken dispensierende neue deutsche Unwort ohne Genitivus subiectivus und Genitivus obiectivus, dieser gängigste Chip in der Hektik eines demoralisierten politischen Zahlungsverkehrs, diese semantische Hülse, die alle Realitäten des demokratischen Aufbruchs in der DDR und des Prozesses der »deutschen Vereinigung« verschluckt, paßt zu den Mitläufern, von denen die eiligsten sich sogar darauf verstehen, wie man schon heute Mitläufer von morgen werden kann. Nicht paßt sie zu dem Professor, der die Geschichte seiner Universität Jena sehr genau kannte und stolz darauf war, daß sie auf dem höchsten Gipfel der Entfaltung von zukunftsoffener idealistischer Philosophie von den Wächtern der Heiligen Allianz als »Jakobiner-Universität« angeschwärzt – und derart mitsamt ihrem großherzoglichen Patron Karl August unfreiwillig geehrt worden ist.

Professor Riege, der Kommunist, war zutiefst davon überzeugt, daß mit der nachgerade zwangsläufig der Gründung der BRD folgenden Gründung der DDR der historisch allein richtige Ansatz für den Aufbau einer vor jedem Rückfall in die Barbarei nach innen wie nach außen gesicherten deutschen Staatlichkeit gefunden worden sei. Die institutionellen Ausformungen von Sozialismus in der DDR hielt er für notwendig. Und da er Weg und Ziele bejahte, konnte ihm nicht einmal der Gedanke kommen, das System durch »Überlistung« beseitigen zu wollen – ein Verfahren, in dem nach dem Ende der DDR so mancher meint oder behauptet, sich versucht zu haben. Nein, es ging Gerhard Riege in seinen Schriften wie in seiner Lehre – und insoweit auch ganz ähnlich wie einer Vielzahl seiner Kollegen – von den Mühen der Ebene bis zum Theoretisch-Prinzipiellen darum, wie in diesem System, das ohne Machtbildung aus der Gegenwelt des Kapitals weder durchzusetzen noch zu erhalten gewesen wäre, dem offensichtlichen, aber zu seinem eigenen Schaden geleugneten Defizit an effektiver Demokratie und Rechtsschutz für die Bürger abzuhelfen sei. Alle größeren Arbeiten Rieges, mögen sie nun die Staatsbürgerschaft oder die Souveränität oder was immer sonst zum Thema haben, umkreisen immer wieder und im Laufe der Zeit immer stärker die mit dieser bedrückenden Problematik gegebene Ineinanderschürzung der gordischen Knoten des sogenannten demokratischen Zentralismus, der sogenannten sozialistischen Gesetzlichkeit, der sogenannten Machtfrage. Dabei profiliert sich allmählich immer mehr auch die Individualität eines in rechtspolitischer Absicht schreibenden Autors, der die vorhandenen Machtstrukturen als notwendige Tatsachen in Rechnung stellt, ohne sich mit ihrem zynischen oder blinden Gebrauch abzufinden; die von einer geradezu wilhelminischen Borniertheit heimgesuchten Tölpel des Hurra- und »Es ist erreicht«-Sozialismus haben es ihn fühlen lassen.

Die etablierte Macht hat dem Rechtspolitiker Riege, der nicht nur im stillen Kämmerlein über die Organisation der Machtkontrolle und die Aktivierung der örtlichen Gemeinschaften nachdachte, manchen Knüppel zwischen die Beine geworfen. Es traf keinen blinden Ignoranten, sondern einen geschichtsbewußten Juristen, der sich als Rechts- und Systemvergleicher auf die Tiefendimension des realen Funktionierens verstand und auch wußte, daß und wie Mechanismen der Machtkontrolle ihrerseits wieder politisch mißbraucht werden können, wo sie installiert sind.

Gerhard Riege war ein sozialistischer Patriot der DDR, der immer genau hinsah und wußte, in wie hohem Maße die Probleme seines Landes hausgemacht waren und mit welchen triftigen Gründen der Vorwurf, ihrem Sozialismus fehle »das menschliche Antlitz«, aufwarten konnte. Er wußte aber auch ganz genau, daß die aus diesem Vorwurf Kapital schlagende Politik vor allem eines zu befürchten hatte und deswegen zu verhindern entschlossen war, nämlich die durch keine physisch ausgestattete Macht zu überwindende moralische Autorität eines Sozialismus mit unanzweifelbar menschlichem Antlitz.

Ist das alles belanglos geworden, nachdem es keine DDR und (wohlgemerkt in europäischer Sichtweite) auch keine anderen Staaten mit funktionierenden sozialistischen Systemen mehr gibt? Gehören Gerhard Rieges Schriften in die Museumsschränke einer landfremd werdenden Universität? O nein! Sie werden benötigt, wenn es vorbehaltlos und ernsthaft an die vielberedete Aufarbeitung der DDR-Geschichte gehen soll, die zur Zeit nicht stattfindet, da sie nur als integrierender Teil der (eben nicht stattfindenden) dialogischen Aufarbeitung der schlimmen gesamtdeutschen Geschichte des ganzen Jahrhunderts möglich ist. Als solche hatte sie aber doch längst vor der kurz und irreführend sogenannten Wende und vor der kurz und irreführend als Beitritt der DDR bezeichneten Vereinigung der beiden deutschen Nachkriegsstaaten begonnen.

Im fatalen und trügerischen Siegesrausch der einen im Westen und im fatalen und trügerischen Unterwerfungsjammer der anderen im Osten scheint das dem Gegenwart konstituierenden Bewußtsein der Deutschen verlorengegangen zu sein. Erinnern wir uns doch: 20 Jahre lang hatten die beiden deutschen Nachkriegsstaaten alles andere als ohnmächtige und von zwei feindlichen Supermächten kommandierte und an die Front geschickte Vorposten zu Lasten der Menschen in konfrontativer Symmetrie gemeinsam die ideologische Zentralheizung des permanenten Kalten Krieges für die ganze Welt eingerichtet und bedient. Dann aber begannen, nachdem schließlich auch die sich am heftigsten sträubende BRD an den Verhandlungstisch der globalen Entspannungsbemühen getragen werden konnte, 20 Jahre der hilfreichen sogenannten menschlichen Erleichterungen, begann zaghafte Normalisierung, gab es Ansätze zum Dialog, zur Belebung der wissenschaftlichen Kontakte, des künstlerischen Austauschs usw.

So klein und langsam das alles heute erscheinen mag, und so sehr es auch einseitig propagandistisch ausgebeutet oder verwässert worden ist, besagt das doch nichts gegen die Richtigkeit der damit eingeschlagenen Richtung. Nur die Spätgeborenen der DDR können nicht würdigen, wie wohltätig sich unter den Bedingungen des waffenstarrenden Machtgleichgewichts der »Blöcke«, des »Gleichgewichts des Schreckens«, der Beginn eines zivilisierten Umgangs der beiden deutschen Staaten miteinander auch auf die Lebenswelt der DDR ausgewirkt hat. Am Beginn dieses Zeitabschnittes steht für ganz Deutschland der Abschluß des Grundlagenvertrags der BRD mit der DDR und ein Abkommen der vier vormaligen Besatzungsmächte über Berlin.

Warum schämt man sich all dessen? Warum hat die BRD genauso wie die über die deutsche Vereinigung verhandelnde DDR das alles 20 Jahre später verdrängt? Ist es nicht schlimmer, sich einer guten Tat zu schämen, als eine schlimme Tat zu begehen? Wollte man wieder einmal die unbestechliche Geschichte überlisten, wie die beiden deutschen Staaten sich zuvor 20 Jahre lang überlisten wollten? Herausgekommen ist dabei eine Vereinigung, die so aussieht, als ob die BRD auf dem Höhepunkt des Kalten

Krieges die DDR erobert hätte, weswegen unter dem Stichwort »Aufarbeitung« denn auch nur ein Gerichtstag des »Rechtsstaats« über die DDR vorbereitet wird. Doch mit dieser von der Gelegenheit des Machtverfalls in der DDR gemachten wendigen Vergeßlichkeit ist die Geschichte nicht im Bunde, aus der sich auch die volle Wahrheit über jene 20 Jahre der Entspannungsbemühungen und -behinderungen nicht ausklammern läßt.

Gerhard Riege erscheint in diesen beiden Jahrzehnten als ein fachliterarischer Blockadebrecher mit seinem Buch über die Staatsbürgerschaft der DDR, das im Westen nicht weggewischt, sondern ernst genommen wird. Gerhard Riege habe ich es zu danken, daß er mich in dieser Zeit mit seiner Universität, an der ich als Student im Kriegsjahr 1939 schreckliche und groteske Darbietungen deutscher Knecht- und Tagesseligkeit erlebt habe, wieder in eine nähere Verbindung gebracht und zum freundschaftlich-heftigen Streiten verlockt hat, so zum Streit darüber, ob und wann und wo und wie und unter welchen Gegebenheiten das formalisierte Verfassungsrecht nach sei es »sozialistischen«, sei es anderen »Wert«-Orientierungen ohne Gefährdungen des gemein-europäischen Zivilisationspegels wieder rematerialisiert werden dürfe.

Beim besten Willen zum Streit, gar nichts zu streiten gab es zwischen uns über das, was ich vor nunmehr vier Jahren in der Aula seiner – und jetzt darf ich sagen, auch meiner – Universität zum Programm der »Aufarbeitung« der jüngsten deutschen Vergangenheit mit den Mitteln der wissenschaftlichen Wahrheitssuche gesagt habe und hier wörtlich zitieren möchte – ich zitiere also jetzt ihn und mich. Ich sprach da vom »Abbau der aus der Konfrontation entstandenen« Unnormalitäten. »Die Genese dieser Unnormalitäten mit den Mitteln der wissenschaftlichen Wahrheitssuche angehen heißt, sich vor sich selbst, im Verhältnis zueinander, vor der Welt und vor der Geschichte ehrlich machen, nicht an Wunder glauben, sich nicht darüber wundern, daß

es keine Wunder gibt, einsehen, welch a-demokratischen Geistes Kind diese Deutschen in ihrer Gesamtheit waren, die sich nicht als Gesamtheit zum Widerstand gegen die Machthabenden jener zwölf Jahre erhoben haben ... und daß sie sich am 8. Mai 1945 nicht über Nacht eine andere Ideologie angezaubert haben.« Ich sprach also über den »völligen ideologischen Gleichstand der Deutschen des Jahres 1945«, aus dem heraus die beiden 1949 gegründeten deutschen Nachkriegsstaaten ihre unterschiedlichen Wege angetreten haben, den Weg der entnazifizierenden Systemrestauration auf der einen und den »antifaschistischdemokratische Umwälzung« genannten Weg auf der anderen Seite, und darüber, was auf diesen Wegen auf der Strecke geblieben ist. »Damit muß man fertig werden, und mit den daraus erwachsenen, je spezifischen Problemen und Defiziten in Sachen Menschenrechte, Demokratie und demokratischer Gesetzlichkeit, bei deren Bewältigung auch kein Staat den andern vertreten darf, über die aber jeder öffentlich verhandeln muß, schon um die Giftküche dicht zu machen, in der die Konfrontation an den Problemen der anderen Seite gewärmt wird.«
Unter sehr veränderten Bedingungen nicht des ideologischen Befunds, aber der Machtverhältnisse, brodelt die Giftküche heute mehr als damals. Betrieben wird sie von den Philistern Gesamtdeutschlands, vor denen wir damals warnten und die Gerhard Riege, der Moralist, jetzt über sich sah. Zu deren sicherer Überwindung hat er mit seinem Leben und mit seinem Tod jeden von uns auf unbedingte Ehrlichkeit vor sich selbst und vor der ganzen Mitwelt in die Pflicht genommen.

PETRA KELLY

Die Mitbegründerin der Grünen wurde am 1. Oktober 1992 zusammen mit ihrem Lebensgefährten, dem Grünen-Politiker und ehemaligen Panzergeneral der Bundeswehr, Gert Bastian, mit tödlichen Schußwunden in der Bonner Wohnung Petra Kellys aufgefunden. Das Ermittlungsergebnis der Staatsanwaltschaft lautete: Doppelselbstmord. Dem widersprachen – folgenlos – die Familie und Freunde von Petra Kelly in einer Presseerklärung im April 1993: »Petra Kelly starb nicht freiwillig.« Auf dem Waldfriedhof in Würzburg wurde sie im Grab ihrer mit zehn Jahren an Krebs gestorbenen Schwester beerdigt. Vor 5000 Trauernden sprach der Pfarrer Dr. Jörg Zink.

Jörg Zink
SELIG SIND, DIE HUNGERN UND DÜRSTEN
NACH GERECHTIGKEIT

Selig sind, die hungern und dürsten nach Gerechtigkeit, sie sollen satt werden.
Selig sind, die Frieden stiften, sie werden Gottes Töchter und Söhne heißen.
Selig sind, die reinen Herzens sind, sie werden Gott schauen.
Liebe und verehrte Frau Birle, verzeihen Sie, daß ich Sie als erste anspreche. Als ich Petra kennenlernte, sagte sie mir: »Das ist meine Großmutter, sie ist der eigentliche Halt und die Zuflucht in meinem Leben.«
Verehrte Angehörige, liebe Frau Kelly, liebe Freunde von Petra, meine Damen und Herren. Uns allen steht noch das Entsetzen ins Gesicht geschrieben, der Schrecken über das, was geschehen ist und für das wir keine Deutung haben. Wir stehen ratlos vor einem stummen Abschied, der so gar nicht zu dem Bild passen will, das wir von Petra haben. Und nun versammeln wir uns, um einer Frau, einer Freundin, zu gedenken, die zu den großen, den ungewöhnlichen Menschen gehört hat, und haben doch noch kaum die Zeit,

unsere Gedanken zu ordnen. Wir haben sie bewundert, viele haben sie geliebt. Und nun ist sie, die uns allen um lange Wege voraus war, uns allen voraus von dieser Erde gegangen. Wir sind von ihrem Tod betroffen und stehen ratlos, wir begegnen in ihrem Tod einer Tragödie, deren Dimension und Tiefe wir mit aller Einfühlung nicht ausloten und die sich über so viele leibliche und seelische Bereiche hin nun so dunkel gebreitet hat.

Petra Kelly. Ein Leben, das in der ganzen Welt stattfand und in der ganzen Welt bekannt war, bekannter als bei uns in Deutschland. Betroffen von dem Unheil, das auf vielen Ebenen rund um die Erde reicht. Bewegt durch Krieg und Ungerechtigkeit und Menschenleid. Trägerin des Alternativen Nobelpreises. In Amerika Frau des Jahres. Man hat in Deutschland kaum bemerkt, was sich alles in der Welt durch sie bewegt hat. Aber auch bei uns war sie insgeheim ein Hoffnungsträger für eine ganze Generation wacher junger Menschen, und sie ist bis heute ein lebendiges Zeichen einer offenen, freien und einfallsreichen Politik, also einer solchen, wie sie uns im politischen Deutschland dieser Jahre mit seiner erbarmungswürdigen Schlafmützigkeit so dringend not wäre.

Ich habe nicht vor, ihren Lebenslauf zu schildern. Ich könnte es in der gebotenen Kürze nicht tun. Ich nehme an, daß Sie alle wissen, wer sie war. Ich kann nur sagen, was ich in ihr gesehen habe, und das andeuten, von dem ich meine, es sei ihr wichtig gewesen – ihr, dieser Jeanne d'Arc unserer Tage mit ihrem unbeugsamen Mut und ihrem großen und genauen Sendungsbewußtsein.

Als ich Petra aus der Nähe kennenlernte, saßen wir gegenüber dem Atomkraftwerk Fessenheim in Breisach in einem Zelt. Es war vor rund zwölf Jahren. Wir feierten einen Gottesdienst, ich sprach über jenen Text der Bergpredigt, der von Gewaltlosigkeit spricht, und wir saßen danach lange beieinander und redeten über die seltsame Tatsache, daß die originalen Impulse, die das Christentum in die Weltgeschichte gegeben hat, heute denen in die Hände gegeben sind, die außerhalb der Zäune der Kirche und fast ohne ihre Hilfe versuchen, das zu tun, woran das Christentum unserer Tage sich kaum erinnert.

Hat nicht das Christentum einen Glaubensartikel, der davon spricht, die Welt sei nicht ein autonomer Apparat, sondern eine Schöpfung, und zwar eine von Gott den Menschen zur Sorge und Pflege anvertraute, die es heute vor der menschlichen Gewalttätigkeit zu retten gilt? Geht es nicht im Christentum seit seinen ersten Anfängen um Wege zum Frieden, die ohne Gewalt zu gehen seien? Und sehen wir nicht heute, daß unsere Kirche uns nie gezeigt hat, wie dies geschehen könne? Und geht es nicht im Christentum seit seinen ersten Anfängen um Wege zur Gerechtigkeit für die Erniedrigten und Beleidigten dieser Erde, und kommt nicht viel, was wir Menschenrechte nennen, aus dieser Quelle?

Wir fanden damals, Christentum sei heute unter anderem auch Einmischung in das Geschehen auf dieser Erde, ohne Gewalt, eine Bemühung um die Erlösung auch des Gegners aus seiner Gegnerschaft. Und heute würde ich sagen: Petra hat zu den Menschen gehört, die dieses Urgut des Christentums herübernahmen in eine Alltagswelt voller Streit und Unheil.

Petras Tod hat uns wie ein Schock getroffen, und er hinterläßt in uns das elende Gefühl, wir hätten nicht gemerkt, was in ihr vorging, und wir hätten die Verzweiflung nicht aufgefangen, die sie zu diesem Ende getrieben hat. Sie muß wohl zuletzt alle Hoffnung auf ein sinnvolles Werk auf dieser Erde und auf eine bessere Zukunft verloren haben. Diese lebensvolle Frau muß in einer Verzweiflung in den Tod gegangen sein, die wir uns nicht ausmalen.

Aber Freunde, ist das denn ein Wunder? Und rührt uns alle nicht immer wieder die Verzweiflung an, wenn wir sehen, was geschieht, und wenn wir sehen, was nicht geschieht? Kann nicht, wer heute klar sieht, sehen, daß die Geschichte der menschlichen Zivilisation auf dieser Erde auf ihr Ende zugeht? Kann, wer klar sieht, nicht sehen, daß die Menschheit intelligent genug ist, diese Erde zu zerstören, aber zu dumm, zu überleben? Vor zehn Jahren haben wir gesagt: »Es ist fünf Minuten vor zwölf.« Die Verantwortlichen haben es nicht geglaubt und glauben es bis heute nicht. Ich befürchte, meine Freunde, es könnte längst halb drei sein und unsere Zukunftsaufgabe die, den langhindauernden Untergang der Menschheit und der lebendigen Wesen auf dieser Erde durchzustehen. Ist es ein Wunder, wenn immer mehr Freunde in die Depression absinken oder in die Angst wie Petra oder auch in die dunkle Müdigkeit, die sich aus dem politischen Streit zurückzieht und der auch ich selbst mich oft nur mit Mühe erwehren kann?

Das Buch, das Petras Sicht und Absicht am umfassendsten zeigt, wie ich meine, trägt den Titel »Um Hoffnung kämpfen«. Damit sagt sie: Hoffnung hat man nicht einfach, man muß um sie kämpfen, oder man sinkt ab in die Hoffnungslosigkeit. Mir scheint, dieser ihr Kampf um Hoffnung habe ihre Kräfte aufgezehrt. Zuletzt. Wen will es wundern, daß dieser sensible, dieser überwache Mensch nach zwanzig Jahren einer unmenschlichen Anstrengung der Dunkelheit der Zukunft nichts mehr entgegenzusetzen hatte an Kräften und an Stehvermögen?

Ich selbst habe in den Jahren, in denen ich über die Medien an diesem Kampf um Hoffnung beteiligt war, so viel Häme, so viel politische Arroganz und so viele Morddrohungen eingesteckt, daß ich mir leicht vorstellen kann, was es Petra bei ihrem ungleich kompromißloseren Kampf Kräfte gekostet haben muß, denen noch Hoffnung zu geben, die den Mut verlieren wollten.

Dazu kam aber auch, daß es uns allen in der Grünen Bewegung sehr an selbstverständlicher Freundschaft gefehlt hat. Der jahrelange Streit, der diese Partei nach allen Richtungen gespalten hat, dürfte Petra eine Menge von jener Kraft zur Hoffnung gekostet haben, wie viele von uns auch. Auch ich selbst habe mich vor einigen Jahren zurückgezogen, als ich nicht mehr wußte, wo es denn nun in dieser Partei wirklich um die Sache gehe, der wir verpflichtet waren. Vielleicht sollten wir, denen die Zukunft der Menschheit so tödliche Sorge bereitet, hier, am Grab von Petra Kelly, endlich beschließen, daß wir unter uns selbst die Wege zum Frieden einüben.

Natürlich ist der Weg zum Frieden unter Menschen, die sich mit allen Kräften für etwas Großes einsetzen, schwieriger als unter harmlosen Gemütern. Was Petra kennzeichnete, war eine extreme Wachheit, die ein Mensch schwerlich ein Leben lang durchhält und die nur wenige mit ihr zusammen durchgehalten haben. Es ging etwas von ihr aus, das wie eine ständige Überforderung auf ihre Partner wirkte und seinen Ursprung hatte in der räuberischen Selbstüberforderung, in der sie gelebt und in der sie sich auch immer wieder selbst isoliert hat. Und natürlich war sie unbequem. Wer muß nicht unbequem werden, wenn er eine Wahrheit sagt, die keiner hören will, vor allem keiner von denen, die auf ihren parlamentarischen Pfründen sitzen und nichts sehnlicher wünschen, als daß alles bleibt, wie es ist, ohne es doch bewahren zu können.

Natürlich wirkte sie gelegentlich hart und manchmal sogar ein wenig bitter. Aber es ist unendlich schwer, so weit dem Bewußtsein seiner Zeit vorauszusein und dabei geduldig und freundlich zu bleiben. Wir haben in all dieser Zeit immer wieder eine sehr schwere Erfahrung gemacht: Wer andere Menschen freimachen will von ihren Feindbildern, gerät in einen psychischen Mechanismus, den er nur erleiden kann. Es scheint ein Gesetz zu sein, daß die Menschen ohne Feindbilder nur schwer leben können und daß also, wer Feindbilder abbaut, selbst zum Feind wird, gegen den die Angst und Ratlosigkeit der Menschen sich wendet. Er entzieht ihnen gleichsam ihre Orientierung in einer schwarzweißen Welt.

Wer zu Gewaltlosigkeit aufruft, nimmt den Menschen die Sicherheit, die auf Gewalt beruht. Wer zur Aussöhnung mit

Feinden aufruft, gilt danach selbst als Feind. Und auch dies erfordert eine Kraft, die danach an anderer Stelle nicht mehr zur Verfügung steht. Jesus, dessen Lebensweg bis zur Hinrichtung am Kreuz dieses Gesetz spiegelt, fordert darum, wer ihm nachfolgen wolle, werde sein Kreuz auf sich nehmen müssen. Und dies wohl ist auch der Grund, warum unsere Kirchen sich in den letzten Jahrzehnten so sehr genau den Auseinandersetzungen entzogen haben, in denen diese Gefahr gegenwärtig war, den Auseinandersetzungen um die Gewaltlosigkeit, um die Gerechtigkeit und um den Umgang mit der Lebenshülle unserer Erde.

Petras Visionen hatten bei aller präzisen Konkretheit oft auch etwas von den vagen Bildern einer Utopie. Utopien sind in der Regel jene Zukunftsbilder, die nach den Angstvorstellungen eines Normalpolitikers die Welt mehr verändern würden, als ihm vorstellbar ist. Utopien sind aber das handfeste Brot für die, die überhaupt auf ein Ziel hin unterwegs sind. Sie sind unentbehrlich. Wer Utopien verächtlich macht, darf sich nicht wundern, wenn ihm danach für das politische Tagesgeschäft nichts mehr einfällt. Die heutige politische Szene in Deutschland ist ein Schulbeispiel dafür, wie der geistige Tod regiert in der Welt der Macher nach der Abschaffung der Utopien.

Selig sind, die hungern und dürsten nach der Gerechtigkeit.
Selig sind, die Frieden stiften.
Selig sind, die reinen Herzens sind, sie werden Gott schauen.

Was ist denn ein reines Herz? Es ist doch nicht, wie man uns immer wieder gesagt hat, ein Herz, das von der bösen Welt abgeschirmt lebt und unberührbar wird für den Schmutz unter den Menschen. Ganz im Gegenteil. Ein reines Herz, das ist ein Herz, das sein Interesse an sich selbst und seiner Unberührtheit preisgegeben hat und nun durchlässig ist für den Geist und die Lebendigkeit Gottes. Das frei ist vom Interesse am eigenen Glück und der eigenen Reinheit und nur noch Medium für den Willen Gottes und für seine Liebe. Ein reines Herz, das ist ein lebendiges, freies, von Leid und

Klage rund um die Erde betroffenes Herz. Es ist das empfindsame Herz, das hungert und dürstet nach der Gerechtigkeit, das, wie das Hohe Lied der Liebe von ihm sagt, trauert über das Unrecht und sich freut über die Wahrheit. Wenn ich Petra charakterisieren soll, dann war sie in diesem genauen Sinn ein reines Herz, wie wir es wohl nur einmal in einer Generation in der Politik wiederfinden. Und ich bin überzeugt: Sie wird Gott schauen. Und mit ihm den Sinn und Zusammenhang ihres Daseins. Sie schaut ihn. Schon in dieser Stunde.

Und da muß ich Ihnen sagen, was ich glaube, seit ich als junger Mensch durch Höllen des Kriegs und des Unrechts und der Sinnlosigkeit gegangen bin. Jedesmal, wenn ich einen Nachruf für einen Toten spreche, gerät mir am Ende, was ich sage, zu einem Nachruf auf den Tod selbst.

Ich gestehe Ihnen, daß der Tod für mich nur vordergründig jene gewalttätige Macht ist, unter der wir leiden, und daß sich mir immer wieder das Verhältnis von Leben und Tod umkehrt. Nicht das Leben währt, bis der Tod es beendet. Sondern der Tod hat Gewalt über uns, bis wir ins Leben befreit werden. Die Landschaft des Todes, die diesen Erdball bedeckt, hat uns im Griff, bis wir neu die Augen aufschlagen in einer Wirklichkeit, die wir heute nicht kennen, die wir aber ahnen. Die Auferstehung der Toten gehört für mich, nach allen Erfahrungen, die ich in extremen Situationen gemacht habe, zu den gewissesten Dingen des Daseins. Und ich weiß, daß sie auch zu den Überzeugungen gehört hat, aus denen Petra ihren Mut holte.

Hoffnung entsteht heute in Worten einer zerbrechlichen religiösen Poesie, in Worten eines leisen Rühmens, in der Feier eines letzten Festes, ehe der Untergang unausweichlich wird. Sie entsteht im Glauben an das Leben, das aus Gott ist und das durch die Trümmer dieser unserer Erde hindurch anschaubar wird. Ich lasse mir darum nicht verbieten, weder von den Herrschenden dieser Erde noch auch von meiner eigenen Resignation, für das Leben zu kämpfen, und

in der Tat hat, wenn ich dies glaube, nur der Kampf für das Leben auch dieser Erde, der unbeugsame, wirklichen Sinn. Ich glaube auch, daß der Weg Gottes in diese Welt herein noch nicht beendet ist und daß noch viel Befreiendes, viel Rettendes geschehen kann. Ich glaube, daß wir diesen Weg mitgehen sollen, auch wenn er mühsam ist und von vielen Rückschlägen gezeichnet. Und ich vertraue darauf, daß das Geringe, da und dort in aller Einfachheit getan, die Welt vom Tode zum Leben bringt.
Es gibt ein Wort von Martin Luther King, das sich kühn anhört in einer solchen Stunde, und immer auch ein gutes Stück über sie hinausweist, ein Wort, das er beim Tod eines von ihm geliebten Menschen gesprochen hat:

Komme, was mag.
Wenn unsere Tage verdunkelt sind
Und unsere Nächte finsterer
als tausend Mitternächte,
so wollen wir daran denken,
daß es in der Welt eine große,
segnende Kraft gibt, die Gott heißt.
Gott kann Wege aus der Ausweglosigkeit weisen.
Er will das dunkle Gestern
in ein helles Morgen verwandeln –
zuletzt in den leuchtenden Morgen der Ewigkeit.

Ich weiß nicht, wie viele unter Ihnen mir in diesen Gedanken und auch in diesem Vertrauen folgen wollen. Aber lassen Sie uns tun, mit Geduld und Zähigkeit, was vor unseren Händen liegt und was dem Leben von Petra Kelly das Gepräge gegeben hat: den Völkern zum Frieden helfen, den Menschen zur Gerechtigkeit und der Erde zum Leben, gemeinsam unter uns und mit allen Menschen guten Willens und mit aller Kraft.
Und schauen wir an der Frau, um die wir trauern, den Mut ab und die Unbestechlichkeit, die wir dazu brauchen, und bleiben wir ihr auf diesen Wegen in Freundschaft und in einer großen Dankbarkeit von Herzen verbunden. Danke, Petra.

HANS-JOACHIM HOFFMANN

Er war seit 1973 Kulturminister der DDR, bis er im Herbst 1989 die Regierung, der er angehörte, zum Rücktritt aufforderte. Danach verkroch er sich, nicht vor den Menschen, aber in seinen Computer, über dem der 64jährige am 19. Juli 1994 tot zusammenbrach. Bis dahin hatte Dr. Hans-Joachim Hoffmann – u. a. im Rahmen eines ABM-Projektes – Computer-Grundkenntnisse gelehrt, auch seinen Grabredner, Hermann Kant, der »am Computer sein Lehrling war«.

Hermann Kant
VON COMPUTER BIS GLASNOST

Liebe Traudl, lieber Flori, liebe Töchter und Anverwandte Jochen Hoffmanns, liebe Genossen und Freunde, die ihr seine Freunde und Genossen wart.
Jochen Hoffmann tot, das ist etwas, woran man sich nicht gewöhnen wird und woran man sich gewöhnen muß. Woran man sich gewöhnen sollte und nicht darf.
Jochen Hoffmann – alle anderen Namen, die man bei diesem Abschied auf ihn zu passen sucht, von Dr. Hans-Joachim Hoffmann, Minister für Kultur, bis zum vertrauten Jochen, treffen es nicht ganz. Hört man in die Gespräche der letzten Wochen, aber auch der letzten Jahre, hört man in die Gespräche über ihn, stellt sich heraus: Die Summe aller Anreden lautet Jochen Hoffmann.
Selten sah man Sachlichkeit und Leidenschaft so nahe beieinander wie in diesem Gefährten. Er fiel durch hingegebenes Handeln auf. Durch ein rares Gemenge aus Ehrgeiz und Charakter. Einer von den Hochgewachsenen und Breitschultrigen, deren Behutsamkeit von ihrer Kraft herkommt. Er sah aus, wie Deutschland wohl gern aussähe, und stammte doch vor allem aus Denkland her. Ein tatkräftiger Grübler. Jochen Hoffmann und das Problem – die beiden hatten einander gesucht und gefunden. Zupacken und alles

bedenken, alles bedenken und dann zupacken; prompt und kompetent erledigen, was erledigt werden muß, aber in tieferen Tiefen längst wieder bei Grundsätzen sein – so ließe sich diese Lebensart beschreiben.
Das war ein Mensch, den früh etwas aufgestört hat und der sein Lebtag lang herauszufinden suchte, was das gewesen war. Was da war und was da ist. Aus welchem Grunde auch immer man mit ihm zu tun hatte, ein Gespräch mit dem so freundlichen wie furchtlosen Mann beschränkte sich nie auf diesen Grund. Es war etwas falsch, das mußte geändert werden; es war etwas richtig, dem mußte geholfen werden. Jochen Hoffmann sah sich und verhielt sich zuständig.
Liebe Traudel, liebe Freunde von Jochen Hoffmann allesamt, nehmt es nicht übel, wenn hier – was weiß denn ich von eurem Schmerz – des politischen Menschen gedacht wird, der das Ende seiner Lebensvorsätze nicht lange überlebte. Er ist abgestürzt mit einer deutschen Republik, die er vor ihren Fehlern wie Feinden nicht bewahren konnte. Es stimmt, Jochen Hoffmann hat in allem Bedacht die DDR sehr gewollt, nicht die töricht gehandhabte Machtmaschine, sondern einen Staat, der sich an seine Entwürfe hielt, also anders neu und besser, kurz: bewohnbar sein sollte.
Dieser Minister zeigte keine Eignung zur Schranze. Vermutlich ließ man es ihm hingehen, weil er nun einmal der Mann fürs Kulturelle war. Aber in sein Ressort hat man ihn nicht sperren können. Seine Unart, ständig etwas ins Hergebrachte einzuschleppen – von Computer bis Glasnost – hat die hochgelegene Begeisterung in Grenzen gehalten. Von einem Politiker, einem Funktionär, wie das aus Flachmanns Munde heute so besonders tönt, wurden pragmatische Lösungen und nicht Großraumentwürfe erwartet. Jochen Hoffmann hat die einen gekonnt und sich die anderen nicht abgewöhnt.
Weil er klug war, zählte er Dummheit nicht zu den Haupteigenschaften der Gegenseite. Und hielt Klugheit nicht für unser Klassenprivileg. Er wußte zu benennen, warum uns

was geschehen war. Was ihn rasend machte oder fast verzweifeln ließ, war das Bündnis zwischen der Großmächtigkeit der anderen und jenem Machtbewußtsein der eigenen, das für Bewußtsein nicht viel übrig ließ.

Dieser Tage haben, Jochen Hoffmann zu schmähen, welche in die Zeitung gedurft, die, wenn sie im Theater ein Teil vom Pferd und nie den Grafen spielten, immer wußten: schuld war der Minister. Kann sein, der hat seine Fehler gemacht, aber dem Talent im Weg zu stehen, verbot ihm seine Natur. Er hatte nicht vergessen, wie schwer es seinem eigenen Talent gewesen war. Einem jungen Kerl aus Bunzlau in Schlesien, der früh den Vater verlor und im faschistischen Krieg das Vaterhaus. Von den Vertriebenen einer, der wußte, wer ihm das in Wahrheit angetan hatte. Einer von denen, die auf ein Lebensmittel verfielen, das Lernen hieß. Jochen Hoffmann, Elektriker. Also jemand, dessen Existenz verlangt, daß er zwischen Plus und Minus unterscheiden kann. Und daß er weiß: Das eine gilt nicht ohne das andere. Einer, der eine Abart vom Ohmschen Gesetz begriff: Bewegung kommt vom Gegensatz.

Kein Zufall daher, daß zwischen diesem Elektriker und einem anderen, der am Computer sein Lehrling war, viel Meinung hin und her der Frage galt, was ein gemäßes Leben in Opposition bedeute. Einig waren sie sich, es sei dies etwas für den allergrößten Ehrgeiz: eine Opposition, die es bleiben will, solange sie nötig ist und solange sie für ihren Auftrag taugt. Einig waren sie sich ganz und gar: Opposition hat auf Posten zu sein – und nicht auf sie aus.

Als ob das nichts wäre: zu fragen, was warum so ist. wie es ist; wo was herkommt und wem es nützt. Zu sagen: was warum nicht sein darf, und wie es anders ginge, anders gehen müßte. Als ob das nichts wäre: zu der einen Meinung die andere zu sagen und Stimme der Bedrängten zu heißen.

Liebe Traudl, liebe Freunde, du und wir anderen auch müssen jetzt ohne deinen Jochen, ohne unseren Jochen Hoffmann weiter. Weil wir ihn hatten, wird das zu machen sein.

KARL KOHLHAASE

Wird nicht beim jeweiligen Bestattungsinstitut ein Redner bestellt, so ist doch die Regel, daß nicht ein Familienmitglied, sondern ein Freund, ein Kollege oder ein Parteigänger dem Verstorbenen die Grabrede hält. Hier aber hat ein Sohn keinem anderen das Wort am Grabe seines Vaters überlassen.

Wolfgang Kohlhaase
FÜR MEINEN VATER AM 18. NOVEMBER 1995

Karl Kohlhaase ist gestorben, mein Vater. Er hat lange und gern gelebt, am Ende war es ihm über. Von den Menschen, mit denen er jung gewesen war und alt geworden ist, gab es kaum noch jemanden. An den Wochenenden kam er zu uns, zu Emöke und mir, aber Eltern und Kinder leben ja nur zur Hälfte in der gleichen Zeit. Wie alle Leute im Alter hat er oft von früher erzählt. Wie alle, die sich zu den Jüngeren rechnen, haben wir manchmal zugehört und manchmal nicht.
Mein Vater wurde 1902 in Pasewalk geboren, der mittlere von drei Söhnen. Die Wohnung bestand aus Zimmer und Küche, der Wasserhahn war auf dem Flur, das Klo auf dem Hof, im Stall hielt man ein Schwein. Mein Vater ging in Holzpantoffeln zur Schule. Er lernte gut, aber Erdkunde verweigerte er, weil er sicher war, daß er die Gegenden, von denen die Rede war, nicht besuchen würde. Deshalb hat ihn der Lehrer vor der Karte von Europa an den Ohren strafend auf die Höhe von Neapel gehoben. Mein Vater wurde einundvierzig Jahre alt, ehe er zum ersten Mal ins Ausland kam, er trug einen Helm und ein Gewehr, es ging nach Rußland. Er hat den Krieg überstanden und vier Jahre Gefangenschaft. Neapel hat er wirklich nicht gesehen.
Als er aus der Schule gekommen ist, hat er Tischler werden sollen, aber weil er, in der Werkstatt schlafend, sich vor den offenen Särgen fürchtete, ist er weggelaufen und wurde

Schlosser. Als Schlosser hat er gearbeitet bis in sein achtundsechzigstes Jahr.

Das Haus seiner Kindheit war aus schiefem Fachwerk. Gegenüber lagen nebeneinander das Gefängnis und das Gymnasium, beide aus den gleichen roten Ziegeln, aus denen man auch Kasernen baute.

Zu Pasewalk gehörte das Regiment der Kaiserin, die Kürassiere. Im November nach dem ersten Krieg hat mein Vater zugesehen, wie man den Offizieren die Schulterstücke abriß. Doch das Städtchen blieb geteilt zwischen den niederen Leuten und denen, die sich für bessere Leute hielten: Hauswirte, Ladenbesitzer, kleine Beamte. Ein Mensch namens Hitler lag in Pasewalk im Lazarett und beschloß, Politiker zu werden.

Mein Vater beschloß nur, daß er woanders hin wollte, wo es weniger Vorurteil gab und weniger Standesdünkel. Seinem Schulfreund Helmut folgend gelangte er bis Stargard in Pommern, wo er bei der Eisenbahn Lokomotiven reparierte und seinen täglichen Lohn in Kuchen anlegte, bevor ihn die Inflation fraß.

Auf einem Tanzboden lernte er meine Mutter kennen, Charlotte Lentzkow, seine spätere Frau, ein Mädchen mit sieben Geschwistern. Sie arbeitete auf einem pommerschen Gut als Kinderfrau und folgte ihm nach Berlin, als er dort, nach einer Zeit der Arbeitslosigkeit, eine Stellung gefunden hatte. Und damit waren die Jahre der Wanderungen schon vorbei und vielleicht auch die Jugend. Sie zogen nach Adlershof in die Genossenschaftstraße 29 in eine Dachstube und wechselten noch einmal in das Haus mit der Nummer 43, zwei Zimmer parterre, ein Stück Garten, ein Hof mit Kaninchenställen. Dort blieben sie für immer, unter Nachbarn, die Leute ihresgleichen waren, und in meinen ersten zwanzig Jahren war ich dabei.

Merkwürdig, man weiß nicht so viel von seinen Eltern. Ich wünsche mir, daß sie sich geliebt haben. Alles in allem sind sie miteinander ausgekommen. Manchmal stritten sie, mein

Vater laut und heftig, meine Mutter mit stiller Standhaftigkeit. Mein Vater arbeitete Schicht, solange ich denken kann. Er fing an um sechs Uhr früh, um zwei Uhr mittags, um zehn Uhr abends. In diesem Rhythmus lebten wir. Nach dem Krieg ging er noch einmal zwanzig Jahre lang in die Fabrik. Es war nun die Zeit der Pläne, in der es oft planlos zuging. Mein Vater hat marode Maschinen in Gang gehalten, er hat sich aufgeregt bis in den Schlaf hinein, und das Herz hat ihm wehgetan. Wenn er aber aus seinem Leben die Summe zog, hat ihm der Versuch, der sich Sozialismus nannte, eingeleuchtet.

Und doch, wie sehr würde ich ihm das Märchen gönnen, meiner Mutter und ihm, daß man einmal zur Probe leben könnte und dann noch mal richtig. Meine Mutter ist zu Hause gestorben, zehn Jahre vor meinem Vater. Er hat sie mit so viel Mühe und Kummer gepflegt, daß es ihn fast vor ihr umgebracht hätte. Er hat nicht aufgehört, an sie zu denken, den Rest seiner Tage, an denen er nun allein durch die Straße lief, früh, um die Zeitung zu holen, mittags zum Essen in die Betriebskantine, früh und spät zum Friedhof. Viele Leute kannten ihn, er wurde alt und älter und war immer noch da, wie die Häuser und wie die Kastanien. Ein halbes Jahr vor seinem Tod fiel er um, lag eine Nacht lang im Keller und konnte nicht mehr aufstehen.

Indem er die Welt immer noch freundlich ansah und das Wetter ihn mehr freute als ärgerte, indem er gern ein Glas hob, vorausgesetzt, es war kein Wasser darin, war er doch auf nichts mehr neugierig. Das letzte Ende taugt nichts, sagte er ohne Bitterkeit. Wenn er vom Grab meiner Mutter kam, sagte er: »Auf dem Friedhof muß ich aufpassen, daß sie mich nicht dabehalten, denn dort gehöre ich hin.« Und er sagte: »Wenn auf der Beerdigung nicht gelacht werden darf, geht keiner mit.«

Nun ist er angekommen, zweiundneunzig Jahre alt, und wir sind mit ihm auf seinem letzten Weg.

Es ist traurig und es ist gut so.

HEINER MÜLLER

Er gilt als einer der bedeutendsten, vor und nach der Jahrhundertwende weltweit aufgeführten Dramatiker. Der gebürtige Sachse hielt in der DDR diversen Schwierigkeiten, etwa Aufführungsverboten, stand, nahm aber gleichwohl den Nationalpreis an. Zuletzt Intendant des Berliner Ensembles, verstarb Heiner Müller am 30. Dezember 1995 mit 66 Jahren über der Arbeit an dem Stück »Germania 3 Gespenster am toten Mann«. Von der Trauerfeier in seinem Theater hier die Reden des Münchner Filmregisseurs und Fernsehproduzenten Alexander Kluge und des Schriftstellers Stephan Hermlin.

Alexander Kluge
ES IST EIN IRRTUM, DASS DIE TOTEN TOT SIND

Liebe Freunde von Heiner Müller,
eine Trauerfeier und die Beerdigung eines Menschen, den man lieb hat, ist etwas Bitteres und etwas Trennendes und zugleich etwas äußerst Wirkliches. Wenn man aber eine Trauerrede auf Heiner Müller hält, dann hat das auch etwas Unrealistisches für mich. Er hat über den Tod sehr vieles gesagt. Kommt Zeit, kommt Tod.
Er hat von der Schwerkraft der Toten gesprochen. In der sehr spezifischen Vorstellung von Heiner Müller sind die Lebenden nun mal die eine Hälfte des Wirklichen, die andere Hälfte sind die Toten. Und sie haben feste Plätze. Und diese Plätze entscheiden mit über den Platz, der für die Lebenden bleibt. Er hat auch gesagt, es ist ein Irrtum, daß die Toten tot sind. Und auf diesem Hintergrund ist es sehr schwer und eigentlich nicht möglich, eine Totenrede zu halten auf Heiner Müller.
Sie haben hier im Haus etwas sehr Lebendiges getan. Sie haben viele Tage lang Texte von ihm vorgelesen. Und dies kann man eigentlich nicht einen Abschied nennen, sondern das ist eine schöne Form des Kennenlernen. Ich weiß nicht,

wie es Ihnen geht. Mir geht es so in diesem Haus, daß ich ihn um die Ecke biegen sehe, in der einen Hand das kleine Sakrament, in der anderen die Zigarre auf dem Weg zu uns. Vom Witz gepanzert. Das ist etwas, was sicher unrealistisch ist, am Tag der Beerdigung, und gleichzeitig ist es ein wirklicher Wunsch.
Aus diesem Antagonismus des Gefühls – man liebt jemanden und will sich gar nicht von ihm trennen – sagt Heiner Müller: »Alle geglückten Beerdigungen müssen mißlingen.« Sein Gedicht »Mommsens Block« ist Felix Guattari, dem großen Denker, der gestorben ist, gewidmet. Und dessen Beerdigung auf dem Friedhof Père-Lachaise in Paris mißglückte vollständig, endete völlig chaotisch. Und das hat Heiner Müller gefallen ...
Er ist 1929 geboren. Ein Autor dieser Art nimmt immer auch den Blick der Mutter an. Das heißt, die 20 Jahre vor seiner Geburt sieht er mit den Augen der Eltern. Die 67 Jahre danach hat er selber gesehen. Er sieht, wie gesagt, die Chiffre des 20. Jahrhunderts, wie es mit den Menschen in diesem Jahrhundert gemeint ist. Andrej Bitow, sein Freund, der auch hierher gekommen ist, hat gesagt, das 20. Jahrhundert beginne 1914, und es ende 1989. Wir sind schon im 21., wir sind eigentlich schon bei der Übergabe an die Erben.
Wir haben 1914 die Spaltung der Arbeiterbewegung erlebt, sie konnte sich nie wieder vereinigen. Die Spaltung kommt daher, daß es den Arbeitern und ihren Organisatoren nicht gelingt, den Ersten Weltkrieg zu verhindern. Und wenig später dann die Schlachtbank von Verdun, die für Heiner Müller immer wieder eine Chiffre darstellt: die Blüte der Industrien Europas gegeneinander in dieser Art von Kampf mit Giftgas und maschineller Menschenvernichtung. Und subjektiv – nicht nur bei den Toten von Verdun, sondern bei den Untoten, die aus Verdun wiederkehren – zu einer inneren Panzerung führt. Und das Schreckliche, sagt Heiner Müller, was geschieht, wenn der Mensch innerlich einen

Charakterpanzer trägt und äußerlich anfängt, auf Schienen zu fahren, ist, daß es nur zwei Alternativen gibt. Und das ist nicht nur eine persönliche Idee von Heiner Müller, sondern das ist wahrscheinlich – von ihm gelesen – die Chiffre des 20. Jahrhunderts: daß diese Menschen, auf Schienen gesetzt, subjektiv daraus nicht heraus können. Und diese Schienen führen wie ein Eisenbahnverkehr nach Auschwitz. Und es gibt die andere Seite, die schwächere Form des Unglücks. Die heißt: Geschichtsentzug, Wirklichkeitsentzug, Öffentlichkeitsentzug, vorzeitige Beendigung einer Lebenserfahrung, die jetzt für das weitere Leben nicht mehr taugt. Diese Art von Entgleisung, von Wegnahme von Geschichte, ist auch etwas Trübes und nichts Erfahrungsreiches.
Ich ahme nur nach, was Heiner Müllers Art ist, mit diesen Dingen umzugehen. Ich habe ihn einmal gefragt, ist er eigentlich ein Landvermesser oder ist er ein Prophet? Und er sagte: lieber Landvermesser, aber noch lieber Seismograph. Er ist ein Seismograph, der minutiös mißt. Und er mißt so genau wie ein Quantenphysiker. Das ist das, was ein Autor tut.
Im November 1989 arbeitet Heiner Müller wie ein Besessener – draußen die Zeitgeschichte, eine Mischung von Notwendigkeiten, aber auch sehr viel Zufälligkeiten – an dem Mammutstück »Hamlet/Hamletmaschine«. Dann überfällt ihn eine Art Blockade. Er hat das in dem Gedicht »Mommsens Block« beschrieben. Er hat beschrieben, wie dem großen Historiker Mommsen der vierte Band der Kaisergeschichte nicht gelingen will und auch noch das Haus abbrennt, mit den Manuskripten. Aber eigentlich, sagt er, wollte Mommsen diese Fortsetzung des republikanischen Roms gar nicht beschreiben. Und man sagt, daß Heiner Müller hier seinen eigenen Block beschreibt. Es ist aber so, daß er immer, eigentlich zeitlebens Blockierungen hatte ... Danach kam bei ihm immer ein Produktivitätsschub. Und ich behaupte, daß er drei Jahre vor seinem Tod wieder einen enor-

men Produktionsausbruch hatte. Er inszeniert in Bayreuth den »Tristan«. Von ihm hört man Sätze, die man früher nicht gehört hätte, beispielsweise zitiert er Nietzsche: Ohne Musik wäre alles Lehen ein Irrtum. Er kommt in seinen Texten zu einer Verallgemeinerung, in der Art des Aufsteigens von der Abstraktion zur Konkretion. Die Texte werden dichter, komprimierter. Kristalline Form ist ein Ausdruck. So wie Tacitus möchte er schreiben, ganz knapp – verkürzte Sätze, Fragmente drücken etwas aus. Und das, was unterirdisch läuft an Emotionen und Erfahrungsgehalt, das ist das Wesentliche. Die Worte begleiten da nur.
Wie und wann, zu welchen Zeiten hat Heiner Müller eigentlich dieses Riesenwerk an Texten geschrieben? Man sieht ihn eigentlich immer gelassen. Er sitzt, trinkt, beobachtet, reagiert, antwortet – meist nicht auf die Frage, die gestellt ist, sondern auf irgend etwas anderes. Dann sieht man sein berühmtes Nicken. Das kann bedeuten: ja – nein – endgültig nein – auf gar keinen Fall – ganz besonders gut. Es hat tausend Bedeutungen, je nach Umständen. Seine slawische Art, sich auszudrücken. Ein sächsischer Römer und auch gleichzeitig ein preußischer Mensch. Das ist keine Beleidigung für ihn. Er nennt sich auch selbst Preuße – was er damit meint, das ist so unbestimmt wie sein Nicken. Auf jeden Fall arbeitet er wie ein Besessener zu entlegenen Zeiten. Er ist ein Motoriker. Er ist jemand, bei dem der Körper mitarbeitet, wenn er schreibt. Er steht an einem Arbeitspult. Er hämmert auf seine Schreibmaschine aus Eisen, eine sehr alte, lautstarke Maschine. Und so entstehen – motorisch – diese Texte. Er entwickelte gerade in der letzten Zeit dramatische Gedichte, die – ähnlich wie bei Puschkin – Theater zu ersetzen beginnen, aber auch wiederum Rohstoff für das Theater sind. Das heißt, als Text kommen sie heran. Da sind keine Regieanweisungen mehr da. Da ist jetzt sozusagen der Dialog zeitweise völlig aufgehoben. Da ist die Handlung aufgehoben, und dennoch ist es dramatisch.

In der Intensivstation haben ihm zwei Dinge das Leben gerettet: Seine Frau, die, wie Leonore in »Fidelio« von Beethoven, ihn behütet und herausholt. Und strengere Texte. Er sagt, gegen die Lebensgefahr und angesichts einer unabweisbaren Diagnose helfen nur härterer Rhythmus und sogar Reime. Es war nicht üblich zu reimen für ihn ...
Und außerdem ist er ein Patriot – hat er selber gesagt.
Ich habe ihn gefragt, was er patriotisch findet. Hat er mich groß angeguckt und gesagt: »Wie meinst du das?« Habe ich gesagt: »Patriotisch, wofür würdest du dein Leben einsetzen.« Sagt er – nach einer Pause: »Für meine Tochter.« Und das bezieht sich nicht darauf, daß er sie in irgendeinem Park verteidigen soll, sondern daß seine Texte so gemeint sind, daß wir ein Erbe dieses Jahrhunderts an das nächste Jahrhundert übergeben können.
Es gibt viele Eigenschaften von Heiner Müller, und jeder von Ihnen hier kann dazu von Facetten erzählen. Ich will nur Beispiele herausgreifen: Er ist das Gegenteil eines Opportunisten. Opportunismus, die Grundkrankheit unseres Jahrhunderts, das gilt ihm als das einzige, was in ihm Ekel auslöst. Er ist ein freundlicher Mensch. Aber in diesem Punkt ist er ganz hartnäckig.
Er war jetzt in Verdun. Er hat größten Wert darauf gelegt, weil ihn das auch interessiert, und er das Drama »Gespenster am toten Mann« in Verdun zu den Festspielen aufgeführt wissen wollte. Er ist hingereist, hat sich Mühe gegeben, und dann hat er sich geäußert: diese Beinhäuser, dieses Museum, der Versuch, Tote zu ehren durch Monumentalisierung, da hat er gesagt: Das ist Totenkitsch – und wurde vom Bürgermeister ausgeladen. Es war ihm recht ... Sie merken, es geht ihm hier auch um eine bestimmte Härte. Ein zweites Element, das sehr auffällig ist, ist sein Selbstbewußtsein. Er beschreibt das Fernsehen und sagt, Fernsehen der tägliche Ekel, ein präpariertes Geschwätz, unsren täglichen Mord gib uns heute. Der Minderwertigkeitskomplex, der manchen Institutionen innewohnt, auch

den großen Medien, der im Tagesgeschäft dem Begriff der Aktualität zugrunde liegt, keine Geduld hat für Erfahrungsgehalt, das ist das, was er verachtet.

Es gibt den Ausdruck Autor, und es gibt den Ausdruck Dichter. Das eine bezeichnet denjenigen, der wie ein Freiberuflicher verantwortlich zeichnet für die Worte, die er veröffentlicht. Das ist der Autor. Und die Bezeichnung Dichter geht ein Stück weiter. Sie geht auf den Produktionsprozeß hinaus: Selbst wenn ich alles verliere, was meine Arbeit wert ist, ich habe dich gemacht! Diese zweite Seite hat er in einer radikalen Weise ausgeschöpft.

Es gibt kaum Autoren in Europa, die so komprimiert Wirklichkeiten in den Worten und Sätzen gegeneinander führen, einfangen und quasi eine kristalline Struktur, eine Verdichtung schaffen. Darin ist in seinem Werk, das ja nicht ein geläufiges Werk ist – wer liest schon den ganzen Heiner Müller sorgfältig –, und man kann es, und man muß es, und es ist ein einheitliches Werk ... Und dieses radikale und sehr avantgardistische Werk, das uns im 21. Jahrhundert sehr helfen wird, Erfahrung unseres Jahrhunderts zu rezipieren und zu übertragen, daß dieses Werk, beim Tod des Autors, dieses Echo auslöst, das muß uns allen zu denken geben. Er hat wirklich nichts getan, um öffentlichkeitsfreundlich oder mit irgendeinem Rabatt hier seine Werke unter die Leute zu bringen. Und gerade zu dem, der sich in dieser Weise fast hermetisch verhält und konsequent und damit professionell verhält, kommen die Menschen.

Es ist eine starke emotionale Bewegung im ganzen Land, integrierend auch in diesem Fall, die hier ihm zuarbeitet in dem traurigen Moment, in dem wir jetzt stehen.

Wir aber müssen auch für diesen traurigen Tag heute, wo wir Abschied nehmen, nicht die Ohren hängenlassen. Er hat uns eine Menge Arbeitsaufträge und Hinweise mitgegeben ... In seinem letzten Gespräch sagte er: »Weißte eigentlich, wie die Straße heißt, die hier entlangführt? Die heißt ›Am Zirkus‹. Warum bringen wir nicht neben die

Sprechschauspieler Artisten des Körpers, die wie im Zirkus sind?«
Der erste Zirkusbesitzer in England wurde verhaftet, sagte er, weil er ein Drama aufführte mit Kunststücken und Pferden im Zirkus. Das durfte er nicht, er durfte keine Konkurrenz machen. Diese Trennung zwischen trivial, einfach, körperlich und geistig, kopfig, sprachmäßig, das heißt, die Trennung von Zirkus und Theater muß aufgehoben werden. Die Trennung von Musik- und Sprechtheater muß aufgelockert werden. Theater sagt er, sind Reparaturwerkstätten für nicht fahrbereite Klassiker – aber auch für nicht fahrbereite Operetten. Dieses Theater hier ist die Stätte, wo die Dreigroschenoper aufgeführt wurde und überhaupt Operetten gespielt wurden ...
Er hatte eine Fülle von Ideen, die das Theater bereitmachen für den Erfahrungstransfer zwischen 20. und 21. Jahrhundert. Und er sagt, wenn ein Jahrhundert endet, muß man Bilanz machen. Eine Bilanz, die überhaupt nicht aus Zahlen besteht, wie im Geschäftsverkehr, sondern sie besteht aus Metaphern, aus Behältern, Flaschen, Tiegel, Kannen, in denen man menschliche Erfahrung durch die Wüste transportieren kann.
Ich habe ihn gefragt, ob er glaubt, daß es eine Wiederkehr gibt. Er hatte darüber nachgedacht. Der Gedanke wäre ihm sehr willkommen gewesen – einen Moment lang: Dann kam er noch einmal darauf zurück und kritisierte plötzlich sehr vehement den Satz von Immanuel Kant: »Handle stets so, daß dein Handeln Gegenstand eines allgemeinen Gesetzes sein könne.« Und er sagte: »Wir sind doch gar nicht als Gesetzgeber tätig und geboren, wenn jeder ein Gesetzgeber wäre, was gäbe es für eine Fülle von Gesetzen.« Er hat eine Aversion dagegen gehabt und hat gesagt, es gibt einen anderen Gesichtspunkt, und an dem kann man sehen, ob man mit sich selbst identisch ist oder nicht: Handle stets so in deinem Leben, daß du, wenn du wiederkehrst, dasselbe noch mal machen würdest – denselben Text schreiben könn-

test, dasselbe Stück machen würdest. Ich behaupte, er hat ein ganz hohes Maß an Identität.

Es gibt eine Stelle in einem Film, die ihn sehr beeindruckt hat. Jean-Luc Godard läßt in einem Film eine ganze Minute lang Schwarzfilm einschneiden, das heißt, den Kinosaal verdunkeln. Die Menschen hören eine ganze Minute lang ihrem Atem zu, daß sie lebendig sind. Und sie ehren die Bilder, indem sie einen Moment hinnehmen – und eine Minute ist sehr lang im Kino –, daß kein Bild da ist. Ich glaube, daß es ihm gefallen würde, wenn wir unseren Dank an ihn abstatten, indem wir uns jetzt einen Moment erheben und eine Minute schweigen.

Stephan Hermlin
DIE FALSCHEN FREUNDE UND DIE FALSCHEN FEINDE

Vor einiger Zeit sagte Heiner Müller, er habe eines Tages begriffen, daß er leise zu sprechen habe, um seine Gesprächspartner zu zwingen, ihm zuzuhören. Nun ist er verstummt, vielleicht zur Zufriedenheit mancher Leute, die ihrerseits laut geredet hatten, solange sich ihnen die Gelegenheit dafür bot. Die Tragik unserer Epoche wollte es, daß Heiner Müllers leises Wort erst wirklich hörbar wurde, als es mit der versuchten Verwirklichung der Idee, von der er ausgegangen war, immer schneller zu einem Ende kam. Der Staat, dem Müller nicht diente, der ihn aber auch aus diesem Grunde als eine ungewöhnliche Kraft zur Durchsetzung seiner ursprünglichen Ziele hätte behandeln müssen, hatte sich entschieden, sich ihn als Gegner zu wählen und ging auch daran zugrunde. Er hatte sich jahrzehntelang mit außerordentlicher Konsequenz als Freunde und als Feinde die Falschen ausgesucht. Das revolutionäre Werk Heiner Müllers steht als Findling in der Landschaft der deutschen Literatur, ähnlich den Werken früherer Epochen, die den

Ablauf und die Folge gescheiterter Revolutionen markieren. Die bürgerliche Gesellschaft erwies sich mit ihrer zur Toleranz erklärten Gleichgültigkeit für dieses Werk als günstiger, verglichen mit dem stumpfen Mißtrauen eines gescheiterten Sozialismus. Heiner Müller hatte ein selbstbestimmtes Leben gelebt. Das Leben einer Minderheit. Ein schwieriges Wagnis, von vielen heimlich ersehnt, von den meisten gefürchtet. Denn gerade jene, deren Ziel die Herstellung eines großen Bundes ist, sind, wenn es ihnen nur ernst damit ist, dazu verurteilt, Minderheit zu bleiben. Der Zufall will, daß wir Heiner Müller zu Grabe tragen 77 Jahre und einen Tag nach dem Erlöschen zweier selbstbestimmter Leben, die das gleiche Ziel gehabt hatten, und die man alleingelassen hatte. Heiner Müller war nicht Mördern zum Opfer gefallen, aber alleingelassen hatte man auch ihn.
Ich entsinne mich, wie Heiner Müller und das Berliner Ensemble im vergangenen Jahr, anläßlich meines 80. Geburtstages, von mir gewünscht hatten, ich möge in diesem Theater aus einem von mir vor mehr als 40 Jahren verfaßten und heute fast vergessenen Buch mit dem Titel »Die erste Reihe« vorlesen. Es ist ein kleines Buch, das auf wenigen Seiten die Biographien von 30 jungen Widerstandskämpfern beschreibt, die im Kampf gegen Hitler umgekommen waren. Ich sah, während ich las, Heiner Müller nur wenige Meter vor mir. Er weinte. Ich brauche über Heiner Müller nicht belehrt zu werden. Es gab zwischen ihm und mir keine Seelenergießungen, aber eine unzerstörbare Verbundenheit. Auch jetzt, wo ich zum tausendsten Male von seinem Whiskey und seinen Zigarren lesen kann, weiß ich, daß er weiter bleibt, was er war, und daß er eines der unsterblichen Opfer ist, von denen ein Lied berichtet.
Was sich in den letzten Tagen ereignete, als viele Menschen sich hier und dort versammelten, um Heiner Müllers zu gedenken und manches seiner Worte zu hören, wies auf

einen Mangel hin, unter dem wir leiden, ob wir ihn nun definieren oder nicht.

Heiner Müllers selbstbestimmtes Leben – und darüber täusche uns nicht sein später Ruhm, der ja ein Weltruhm wurde, sehr mühsam und kärglich – war ein Leben mit Krankheit, ohne Eitelkeit, ohne Opportunismus. Die Menschen, die sich seinetwegen versammelten, verspüren einen Verlust, den sie nicht ersetzen können, vielleicht aber auch etwas wie Reue, als hätten sie etwas versäumt.

RUTH BERGHAUS

Die Tänzerin und Choreographin, in der Nachfolge von Helene Weigel zeitweilige Intendantin des Berliner Ensembles, genoß als Opernregisseurin einen internationalen Ruf. Erst in der DDR, dann im vereinigten Deutschland, war sie anerkannt und, nicht selten, verkannt. Ruth Berghaus starb am 26. Januar 1996 im Alter von 68 Jahren. Man betrauerte sie in ihrem Stammhaus, der Deutschen Staatsoper in Berlin Unter den Linden, dessen langjähriger Intendant Prof. Dr. Hans Pischner in seiner Gedenkrede Stationen, Bedingungen und Wirkungen ihrer Bühnenarbeit auf- und erzählte.

Hans Pischner
UNSERE RUTH

Sehr geehrter Herr Senator, sehr geehrter Herr Intendant, verehrte Anwesende,
über Ruth Berghaus, oder wie wir immer sagten: unsere Ruth, über Ruth zu sprechen, heißt vor allem, über ihre unermüdliche und, bis zum Beginn ihres schweren Leidens, niemals unterbrochene Arbeit zu sprechen. Ausgehend von Grunderlebnissen, die sich mit Namen wie Brecht, Felsenstein, Dessau und dem ihrer Lehrerin, Gret Palucca, verbinden, entfaltete sie ihre unerschöpfliche, immer neue Dimensionen erschließende Phantasie, ihre geradezu seherische Kraft. Hinzu kam ihre Treue gegenüber jungen Weggefährten, die sie in die Welt führte, ihre Fürsorge und stete pädagogische Arbeit über Jahre hinaus mit einem potentiellen Regienachwuchs für die Opernbühne.
Ruth Berghaus war natürlich von der Arbeit von und mit Brecht geprägt und beeinflußt. Ihre eigene praktische Bühnenarbeit paßt jedoch keinesfalls in ein Brecht-Klischee, das man ihr oft genug anheften wollte. Sie ging selbstsicher, selbstverständlich und einfallsreich ihren eigenen Weg. Ihre Anschauung von der Welt, der sie bis zu ihrem Tod treu ge-

blieben ist, hat sie nie verleugnet. Ihre Herkunft vom Tanz, genauer gesagt von Gret Palucca, ebenfalls nicht.
Gestatten Sie mir eine kleine persönliche Abschweifung. Ich gehöre zum Jahrgang 1914. Ich hatte noch das Glück, Ende der zwanziger Jahre in Breslau die junge Palucca zu erleben, mit ihren großen Sprüngen, mit denen sie die Erdanziehungskraft zu ignorieren schien. Wir fuhren damals mit der »Volksbühne« von Breslau nach Dresden, um dort auch noch die Wigman zu erleben und all diejenigen, die die Pioniere einer neuen Kunst waren. Ich erzähle das, weil die Palucca für Ruth Berghaus sozusagen die Brücke aus den zwanziger Jahren zu ihrer eigenen künstlerischen Tätigkeit in der Nachkriegszeit war. Sie zitiert die Palucca selbst einmal aus der Zeit an ihrer Schule, als Palucca sie fragte: »Kennst du Otto Dix? Dann geh hin. – Kennst du Heinrich Mann? Ich gebe dir das Buch. – Kennst du Barlach? Dann geh nach Güstrow. – Kennst du neue Musik? Dann hör sie dir an.«
Ich erinnere mich an diese Zeit, wie ich bei einem Besuch der Palucca-Schule der jungen Studentin Ruth Berghaus begegnete und eine ihrer ersten Choreographien erlebte. Sie nannte sie »Die den Himmel verfinstern, sind unsere Feinde«. In einem mir unvergeßlichen Bild ließ sie schwarze Vorhänge wie Schwärme schwarzer Vögel zu Boden gleiten, während die Knaben des Kreuzchores an das Schicksal von Hiroshima und Nagasaki erinnerten. Es war unsere erste Begegnung, und sie blieb mir für immer haften, auch während der vielen Jahre der Arbeit mit Ruth rückte sie nie in den Hintergrund meiner Erinnerungen.
Für Ruth waren ihre Erlebnisse und Erfahrungen des spannungsreichen Theaterlebens des Berlins der Nachkriegszeit ganz entscheidend. Ihr erstes, sie tief beeindruckendes Opernerlebnis war Felsensteins Bühne. Dann aber lernte sie Brechts Theater kennen. Bei aller Hochachtung vor Felsenstein mußte sie doch feststellen, daß Brecht ihr mehr Wahrheiten sagte. Sie machte kein Dogma daraus, sie

ging ihre eigenen Wege. So war es auch mit ihrem Verhältnis zu ihrem Mann, dem Komponisten Paul Dessau, von dem sie sagte: »So wie ich ihm in die Arbeit nicht hineinrede, so redet er mir auch nicht hinein.« Und Paul Dessau meinte: »Ich bin immer selbst ganz erstaunt, was Ruth alles aus meinen Partituren, und nicht nur aus meinen Partituren allein, herausliest.«

In den einundzwanzig Jahren meiner Tätigkeit an diesem Haus haben wir vierzehn Inszenierungen von Ruth Berghaus auf die Bühne gebracht, wovon jede einzelne ein aufregendes Erlebnis, sowohl im Anspruch an das Haus wie an das Publikum und nicht zuletzt an die professionelle Kritik werden sollte. Sie war fast bis zur Überforderung konsequent und kompromißlos. Selbst unerhört diszipliniert – eine Grundtugend, von der sie sagte, daß sie sie der Tanzausbildung zu verdanken habe – war sie eine unerbittliche Feindin jeglicher Schlamperei. So galt sie denn auch nicht immer gerade als einfach, aber die Ergebnisse überzeugten schließlich auch den, der kritisch zu ihr stehen mochte.

Von den vierzehn Inszenierungen waren allein sechs Opern von Paul Dessau: zwei Reprisen des *Lukullus*, sowie vier Uraufführungen: *Puntila, Lancelot, Einstein, Leonce und Lena*. In ihrer ersten eigenen Inszenierung auf dieser Opernbühne, dem *Lukullus* 1965 (1960 hatte sie schon einmal einen *Lukullus* zusammen mit Erhard Fischer auf die Bühne gebracht), zeigte sie ihre ganze choreographische Kraft. Man denke nur – wer sich daran erinnern kann – an den großen Feierzug für den Helden Lukullus, wie der steinerne Fries vorübergetragen wird, was sie da mit dem Chor choreographisch an unübertroffener Farbigkeit und Differenziertheit geleistet hat. Im übrigen auch eine Meisterleistung der Staatskapelle unter Kegel, noch heute ist das *die* Schallplattendokumentation des *Lukullus* schlechthin. So wie sich Ruth Berghaus immer besonders lobend über den Staatsopernchor geäußert hat, möchte ich hier auch die Staatskapelle als einen mitdenkenden Faktor ihrer Inszenierun-

gen einbeziehen. Als es nach den beiden ersten Inszenierungen problematische Reaktionen im Publikum und in der Presse gab, waren es Vertreter der Staatskapelle, die zu Ruth Berghaus kamen und sagten: »Wir bitten Sie, machen Sie vor jeder Inszenierung eine Einführung vor unserem Orchester, wir möchten das alle gerne verstehen.« Sie wollten wirklich als Mit-Arbeiter dabei sein.
1966 kam der *Puntila*. Er hatte lange bei Felsenstein gelegen, der sich, wohl weil er Schwierigkeiten im Haus hatte oder sah, nicht dazu entschließen konnte, die Aufführung herauszubringen. So kam eines Tages Paul Dessau zu mir und spielte mir ein Band vor, auf dem er selbst mit zwei Pianisten den ganzen *Puntila* gesungen hatte. Eine erstaunliche Leistung, man konnte den *Puntila* schon vor sich sehen. Wir entschlossen uns also, dieses Werk, das als unaufführbar galt, hier bei uns an der Staatsoper in der Regie von Ruth Berghaus zur Aufführung zu bringen. Es wurde, wie ich es sehe, ihr größter Wurf und für Paul Dessau eine Herausforderung, weitere Opern zu schreiben. So folgten dem *Puntila* die Uraufführungen seines *Lancelot* und dann auch des *Einstein*, mit dem Ruth Berghaus wieder ganz neue Seiten ihrer Arbeit zeigte. Das fand Widerhall weit über die Grenzen hinaus, der *Einstein* führte uns zum »Maggio Musicale« nach Florenz, nach Hamburg, Lausanne und Stockholm.
Im Rahmen unserer Zusammenarbeit mit Bayreuth hatte ich mit Wieland Wagner abgesprochen, daß er die *Elektra* bei uns inszenieren würde. Da kam plötzlich ein Brief, handschriftlich, daß er mir leider absagen muß, er müsse ins Krankenhaus, er könne den Termin nicht halten. Er hat das Krankenhaus nicht mehr lebend verlassen. Unsere *Elektra*-Planung schien also nicht mehr realisierbar zu sein. Aber – *Puntila* und die Folgen – warum nicht Ruth Berghaus die Inszenierung anbieten? Sie sagte zu, also entschlossen wir uns für die *Elektra* und für Ruth Berghaus. Es setzte eine große und komplizierte Arbeit ein, in der Ruth ihre Fähig-

keit zur Kommunikation und zur Team-Arbeit voll zur Geltung brachte. Wer zu dieser Aufführung den Zuschauerraum betrat, sah einen eisernen Vorhang, auf dem in einer von Heiner Müller eigens für diesen Zweck eingerichteten Fassung, die ganze Atridentragödie zu lesen war. Aufgeschrieben auf den eisernen Vorhang hatte das Achim Freyer, der heute als ein großer Bühnenbildner und Regisseur durch die Welt geht. Das Bühnenbild von Reinhardt, eine völlig freie, abgeräumte Bühne mit einem weißen Vorhang, folgte nicht Brecht, sondern dem archaischen Charakter der Aufführung. Aber es wurde nicht verstanden, es kam zum allerersten großen Skandal in unserem Haus. Die Presse zeigte dabei keinerlei Zurückhaltung. Die einen schrieben »Verfehltes Strauss-Experiment« – das ging noch. Andere schrieben »Tranchierte Elektra« – das war schon ein bißchen schlimmer. Dann kam aber die Denunziation in der Zeitung »Neues Deutschland« mit ihren Folgen: »Bleibt die Frage an die künstlerische Leitung der Staatsoper, welche kulturpolitischen Überlegungen für die Aufnahme von *Elektra* in den Spielplan maßgeblich waren?« Das führte uns in größte Schwierigkeiten, und außer sechs Vorstellungen konnten wir keine weitere mehr durchsetzen.

Aber die große künstlerische Spannweite von Ruth Berghaus reichte eben von der *Elektra* bis zum *Barbier von Sevilla*, eine der vielleicht musikalischsten Inszenierungen von ihr, wenn sie auch da wegen ihrer Spielweise angegriffen wurde. Das Musikalischste als Inszenierung, das ich jemals erlebt habe, war die Gestaltung der berühmten Gewittermusik in dieser Oper. Mit drei von Freyer wunderbar graphisch gestalteten Vorhängen, in denen sich das Ganze abspielt, sah man den Regen kommen, sich stürmisch bis zum Gewitter steigern und wieder abklingen. Das war nicht nur eine großartige technische Leistung, das war auch ein in der Operngeschichte einmaliger Einfall. Und wenn ich heute bereits die Leistungen von Chor und Staatskapelle hervorgehoben habe, so muß ich auch betonen, in welcher

Weise Technik und Beleuchtung bei oft sehr, sehr schwierigen und komplizierten Anforderungen mit Ruth Berghaus zusammengearbeitet haben.
Die *Fledermaus* und *Rheingold* fielen in etwas schwierige Zeiten, in denen wir auch unsre eigenen Probleme hatten. Das hing auch damit zusammen, daß Ruth Berghaus einige Zeit Intendantin des Berliner Ensembles war. Sie hat dort auch versucht, in einem musealen Theater etwas Neues zu schaffen, neue Stücke, neue Regisseure und einen hochinteressanten Spielplan. Aber auch hier gab es genügend Querelen, und eines Tages war für sie die Möglichkeit, das Berliner Ensemble weiter zu führen, nicht mehr gegeben. Und so kam es dazu, daß wir sie 1978 wieder – und nunmehr fest – an unser Haus binden, sie sozusagen auffangen konnten. Von 1979 bis 1983 brachte sie dann auf dieser Bühne Dessaus *Leonce und Lena*, Mozarts *Idomeneo* und Rossinis *Cenerentola* zur Aufführung.
Unsere letzte gemeinsame Arbeit war eine wieder völlig neu konzipierte Inszenierung des *Lukullus*.
Obwohl Mozart ihr Lieblingskomponist war, hat sie an diesem Haus nur zwei Opern von ihm inszenieren können, den schon erwähnten *Idomeneo* und *Titus*, eine ihrer schönsten und heitersten Inszenierungen. Ich betone das, weil ihr oft nachgesagt wurde, daß sie kühl sei, nüchtern, den Brecht-Stil einfach nur dogmatisch übernehme. Über ihren *Titus* kann man nichts Schöneres sagen, als was der Mozart-Kenner und wirkliche Spezialist Georg Knepler seinerzeit an Ruth Berghaus geschrieben hat: »Liebe Ruth Berghaus, ich habe nun endlich Deinen ›Titus‹ gesehen, und ich muß sagen, daß ich etwas so vollkommen Schönes schon lange nicht gesehen und gehört habe. Die Augen, die Ohren, das Herz und der Verstand waren gleichermaßen mit Ambrosia bedacht. Die Sänger-Darsteller sind ideal, die Chöre vortrefflich. Vor allem aber ist Deine Inszenierung so gelungen, daß das als unaufführbar geltende Werk zum ersten Male zu leben begann.«

Das eben war es bei Ruth Berghaus, ihre Inszenierungen waren geprägt durch hohe Intelligenz, ohne, wie man oft von ihr behaupten wollte, kühl, intellektuell zu sein. Sie zeigten Kunstfertigkeit, und zwar Kunstfertigkeit im weitesten Sinne des Wortes. Sie bewirkte Assoziationen, die sich durch Zeichen, durch Metaphern in Emotionen umsetzen konnten, und zeigte dabei oft eine wunderbare Poesie. Wobei sie natürlich immer den denkenden Zuschauer, den denkenden Menschen vor Augen hatte. Oberstes Gesetz in der Opernregie war für Ruth Berghaus das Primat der Musik. Auskunft darüber gibt, mit welchen Dirigenten und mit welchen Sängern sie gearbeitet hat. Es waren Künstler, die in der Frage der Genauigkeit, der Authentizität, der Ausarbeitung der Details, der Schönheit des Gesanges mit ihr übereinstimmten. Nie forderte sie eine Vergewaltigung des musikalischen Ablaufs, dafür war ihre Hochachtung vor der Partitur viel zu groß. Gret Palucca schrieb ihr nach einer Dresdner Inszenierung der *Elektra* zu einem ihrer Geburtstage: »Du warst schon damals bei mir auf der Schule eine eigenwillige Persönlichkeit. Es hat mir Freude gemacht, mich mit Dir auseinanderzusetzen und Deine Entwicklung nicht nur tänzerisch, sondern in einem viel weiteren Sinne künstlerisch und menschlich zu fördern. Inzwischen sind Jahrzehnte vergangen. Ich gratuliere Dir, daß Du den Mut hattest, durch viele Hindernisse Deinen Weg zu gehen, auf dem es gelungen ist, eine herausragende Opernregisseurin zu werden. Mein Wunsch, daß Du die Kraft und Kühnheit behältst, noch viele solche Dresdner ›Elektras‹ zu schaffen.«

Es kam nicht noch einmal zu einer *Elektra* von Ruth Berghaus. Sie hat sich verabschiedet von uns, von Deutschland, von der Welt mit der *Medea* von Liebermann an der Hamburger Oper, wo sie mitteilte, daß sie weiß, daß dies ihre letzte Arbeit sein wird.

Sie wird uns, die wir mit ihr arbeiten durften, und allen, die ihre Kunst erlebten und bewunderten, unvergessen bleiben.

ALFRED HIRSCHMEIER

Für alle, die mit dem Chefszenenbildner des DEFA-Spielfilmstudios gearbeitet haben, war er Fredi. Der Mann, der Filmen ihr Gesicht gab, ein kräftig gebauter, geradezu altersloser Mensch, starb am 27. März 1996 acht Tage nach seinem 65. Geburtstag. Der Filmautor Wolfgang Kohlhaase sprach bei der Beerdigung allen, die Alfred Hirschmeier als Fredi kannten, aus dem Herzen.

Wolfgang Kohlhaase
DIE SACHE KANN WERDEN. FREDI IST DABEI.

Von Alfred Hirschmeier konnte man sich die Welt wünschen. Er verfügte über alltägliche Gegenden und historische Landschaften, über Schlösser und Katen und Vorder- und Hinterhäuser, über Eisenbahnzüge im In- und Ausland, über Tag- und Nachtlokale, über alte Tapeten und über den fleckigen Putz an der Wand einer Zuchthauszelle. In seiner Phantasie lebten die Orte aber zweimal, so, wie sie waren, und so, wie sie werden konnten, wenn er sich ihrer annahm. Mit dem zweiten Blick prüfte er alle Natur auf ihre Eignung für künftige Filme. Sein Gedächtnis war ein Archiv unerschlossener Szenerien, in denen menschliches Schicksal sich abspielen konnte. Nichts Zufälliges: ein Zimmer erklärte eine Wohnung, die Wohnung einen Menschen.
Wenn er eine Dekoration eingerichtet hatte, pflegte er in den Hintergrund zu treten. Er sagte: Nimm dir Zeit. Und während man sich umsah, zwischen mancherlei Mobilar und der Vielzahl der Dinge, die er wie zufällig zusammengetragen hatte, sagte er oft: Die Sachen sind zum Wegnehmen da. Es war nicht der schnelle Blick, sondern der gründliche, redliche, der ihn entdecken ließ, was nötig war.
Wenn ich ins Studio kam, aus den vielbesprochenen Gründen zeitweilig auch nicht so gern, freute ich mich,

Hirschmeier zu treffen. Er schien mir ein tröstliches Zeichen dafür zu sein, das alles weiter geht. Er saß unter dem Dach und hatte die Hände nicht in den Schoß gelegt. Man konnte die schmale Treppe zu ihm hinaufsteigen in seine Werkstatt, wo sich in seinen Blättern und Modellen die Filme und die Zeitläufte wunderlich mischten.
Wir bedachten die Bedingungen unserer Arbeit, die Schwierigkeiten, die Möglichkeiten, und uns bedrückte jene Unlust an der Wirklichkeit, die als herrschende Meinung auftrat. Dabei hatte Hirschmeier daran mitgewirkt, daß in dieser Firma namens DEFA Filme entstanden waren, die man so vielleicht nur hier hatte machen können. Filme, zu denen die gediegene Arbeit so vieler Kollegen im Studio beitrug, Filme mit künstlerischer und politischer Ambition, mit Wahrheiten, tragisch oder komisch, auf die viele Zuschauer warteten. Gelegentlich gab es die Resonanz, die sich jeder erhoffte. Immer mal hatte dieses kleine Land ein großes Publikum. Alfred Hirschmeier, schwerer werdend, stiller und manchmal bitter, war dennoch eine Art Langstreckenläufer, ein Mann, der nicht von der Bahn ging, auch zuletzt nicht, als das Studio, in dem er seine Tage verbracht hat, aus der einen Zeit in die andere geriet, in die neuen Geschäftslagen. Er hat seine Maßstäbe nicht aufgegeben und hat sich die Lust erhalten zu arbeiten, wozu auch die Neugier auf junge Leute gehörte. Er wollte weitersagen, was er wußte.
Ich habe ihm gern zugehört. Seine Überlegungen galten immer dem ganzen Film, nicht nur seinem Metier. Eben erst hatte er sich von einem neuen Drehbuch ein paar Seiten abgeholt. Und dann ist er gestorben.
Mir fällt ein, wie wir um den Tisch saßen, in Sachen »Ich war neunzehn«, Konrad Wolf, Werner Bergmann, Doris Borkmann, manchmal Herbert Ehler und Alfred Hirschmeier. Zum ersten Mal sah ich, wie er auf vorgeschnittenem Papier die Bilder zeichnete, die wir uns ausdachten, flüchtig, aber so verbindlich, daß sich, wenn man die Skizzen mit

dem fertigen Film vergleicht, in ihnen seine Struktur ankündigt. Es war Frühling wie jetzt, und es war ein besonderer Frühling, von dem der Film handelte. Der Krieg war aus, der Frieden begann. Wolf erinnerte sich an sein merkwürdiges Geschick, als wir drehten, aber wir alle erinnerten uns. Denn so oder so, für Leute unseres Alters hatte jener Moment der Geschichte die Richtung unserer eigenen Geschichten geändert, das Kindheitsbild, das Bild von Deutschland. Das Leben ging anders weiter und eigentlich begann es erst, das Leben, das mir jetzt, da wir Alfred Hirschmeiers Tod betrauern, so vorkommen will, als wäre es nur ein langer Tag gewesen.

Das Filmemachen ist eine arbeitsteilige Angelegenheit. Jeder bringt sein Handwerk mit, und man braucht ein paar gemeinsame Träume. Wir hatten sie, und was auch aus ihnen wird, wir wären ärmer, wenn wir sie nicht gehabt hätten. Alfred Hirschmeier hat in mehr als vier Jahrzehnten in Babelsberg Spielraum für Filme gebaut, haltbare Arbeit, die Filmgeschichte wird davon wissen. Die ihn kannten, vergessen ihn nicht. Wie froh sind wir gewesen, wenn wir sagen konnten, vor uns das Abenteuer eines Films: »Die Sache kann werden. Fredi ist dabei.«

RIO REISER

Eigentlich hieß er Ralph Möbius. Mit der Band »Ton, Steine, Scherben« wurde er als Rio Reiser zu einem der ersten deutschen Rockstars. Dem Texter, Komponist und Sänger, der stets barfuß auftrat, gelang am Beginn seiner Solo-Karriere 1986 mit »König von Deutschland« ein absoluter Hit. Der vielseitige Reiser schrieb Theaterstücke, komponierte Musicals, zeigte sich als Schauspieler, unterstützte die Grünen, trat 1990 in die PDS ein und – starb zum Entsetzen seiner Freunde und Fans am 20. August 1996, gerade mal 46 Jahre alt. Das Bauernhaus auf seinem Grundstück in Fresenhagen bei Niebüll, auf dem er (mit behördlicher Genehmigung) beigesetzt wurde, ist jetzt Gästehaus und Begegnungsstätte. Der Rede des Superintendenten Alfred Buß auf der Trauerfeier ist ein eigens für diese Veröffentlichung von Rio Reisers Bruder verfaßter Text vorangestellt.

Peter Möbius
DIE STIMME

Mein Bruder Rio Reiser starb unerwartet, nichts deutete darauf hin, daß sein Leben am 20. August 1996 zu Ende sein würde. Auch wenn es sofort nach seinem Tod und immer noch Leute gibt, die meinen, das baldige Ende seiner Lebenswandel-Tournee wäre vorhersehbar gewesen.
Es gab immer wieder Zeiten, wo man um Rios Leben fürchten mußte, mal war er fertig mit den Nerven, mal streikte sein Körper, und er wurde krank. Und nicht nur einmal drohte man ihm mit Mord. Eine Sekte hatte ihn zum Tode verurteilt, Neonazis drohten mit Anschlägen bei seinen Konzerten. Aber ebenso wie es ihm gelang, mit Herz und Verstand diese Drohungen zu verkraften, überwand er die seelischen und gesundheitlichen Tiefs. So plötzlich wie die »Auszeiten« kamen, waren sie auch wieder vorbei.
Rio war ein Stehaufmännchen. Es amüsierte ihn, für

schwach und hinfällig gehalten zu werden. Schon im Kindergarten hatte er gelernt, daß man erst dann der Schwache und Unterlegene ist, wenn man sich anpaßt. Und das Kind »Ralle« verweigerte den täglichen Gang in die Häkchenkrümmerei.
Trotz verlockender Geschenke verweigerte Rio auch die »Konfirmation«. Seinen Umgang mit den etablierten Nachlaßverwaltern des Christentums beendet er mit vierzehn. Als Christ getauft blieb er es sein Leben lang. Aus der Kirche auszutreten, um Geld zu sparen, fand er blöd. Darauf angesprochen, bemerkte er jedesmal, daß er nicht eingetreten sei in die Kirche, also dort auch nicht auszutreten brauche. So waren zwar die jeweiligen Finanzämter darüber informiert, daß mein Bruder zur evangelischen Kirche gehörte, nicht aber die Gemeindepfarrer in Berlin-Kreuzberg, Berlin-Neukölln oder in Leck. Auch dort, in der für Fresenhagen zuständigen Kirchengemeinde, wurde der »tägliche Bibelleser Rio Reiser« nicht als Gemeindemitglied geführt. Es bedurfte des Hin- und Nachweises einer immerwährend brav bezahlten Kirchensteuer, damit meinem Bruder eine christliche Trauerfeier in der Kirche von Leck zugestanden werden konnte. Pastor Schmalenberg, Lecks Gemeindepfarrer, der Rio nicht kannte (und Rio kannte ihn nicht) war im Urlaub. Superintendent Alfred Buß war im Dienst. Er kannte Rio, und Rio kannte ihn, als er noch mein Gemeindepfarrer in Unna Königsborn war. Buß, der Friese, fuhr von Unna nach Nord-Friesland. Und in der vollbesetzten Lecker Kirche, wo keiner der fassungslosen Trauergäste fähig war, an Rios Sarg etwas Tröstliches zu sagen, zu singen oder zu musizieren, war plötzlich eine Stimme zu hören, die den Bannkreis des Todes durchbrach.

Superintendent Alfred Buß
KEINE MACHT FÜR NIEMAND

Ihr habt nun Traurigkeit, aber ich will euch wiedersehen und euer Herz soll sich freuen, und eure Freude soll niemand von euch nehmen. An dem Tag werdet ihr mich nichts fragen.
Evangelium des Johannes Kap.16, Verse 22 und 23

Liebe Familie Möbius und alle, die Ihr um Rio trauert ...
Rio ist tot. Doch wir haben ihn lebendig vor Augen: Sein Lebenshunger und seine Lebenssehnsucht ergriffen das Leben in vollen Zügen und spielten mit offenem Risiko. Oft hat er mit seinem Tod kokettiert. Aber in Wahrheit suchte er nicht den Tod; er suchte das ganze Leben.
Ihr habt nun Traurigkeit ... Entsetzen, Fassungslosigkeit und Schmerz teilt ihr mit Menschen, die Ihr gar nicht kennt, und die Euch doch in diesen Tagen auf so wohltuende Weise wissen ließen, was Rio ihnen bedeutete und bedeutet, und wie sehr sie ihn vermissen.
Rio, interessiert an allem, was der Welt passiert, auch dem scheinbar Geringen und Unwichtigen gegenüber neugierig, erklärter Feind der jederzeit gleichgültigen Gleichgültigkeit, immer darauf aus, die Welt zu verstehen und ihrem Takt zu lauschen, fand diese Welt meist zum Kotzen – und liebte das Leben.
Zeitlebens spürte er dem Geheimnis des Lebens nach in Texten und Tönen; er schrie auf, wenn dieses Geheimnis banalisiert, ins Rampenlicht gezerrt, voller Gemeinheit bis in den hintersten Winkel ausgeleuchtet wurde von einer umtriebigen Medienwelt, die danach geilt, Menschen ihr Geheimnis zu entreißen, als wäre es ein Code, den es zu knacken gilt.
Wer Rio zuhört, der spürt seine tiefe Ehrfurcht vor dem Leben und zugleich seine Wut über jeden Versuch, das Leben platt, zur Plattitüde zu machen.
Rio las täglich in der Bibel; er glaubte, daß unser Leben,

diese Welt und die ganze Schöpfung ihren Zusammenhalt haben in Gott, dem Geheimnis der Welt. Ein Geheimnis ist etwas anderes als ein Rätsel. Ein Rätsel können wir lösen, danach ist das Rätsel kein Rätsel mehr; ein Geheimnis jedoch läßt sich niemals lösen; wir können uns nur immer weiter darin vertiefen, ohne daß es aufhört, ein Geheimnis zu sein.
An seinem Todestag steckte das Lesezeichen an diesem Vers im Buch Jesus Sirach: »Die Wurzel der Pläne ist das Herz. Vier Reiser wachsen daraus hervor: Gutes und Böses, Leben und Tod. Doch die Zunge hat Gewalt über sie alle.«
Das Buch Sirach, das nicht zum Kernbestand der hebräischen Bibel zählt, gehört in die Welt spätjüdischer Weisheitsliteratur (ca. 2oo v. Chr.), faßt also Lebensweisheiten im Kontext jüdischen Denkens und Lebens zusammen. Jüdische Weisheit benennt die Ambivalenz menschlichen Trachtens, das Gutes wie Böses, Leben wie Tod bewirken kann. Rio hat seine Zunge immer wieder benutzt, dem Tod zu widerstehen, dem Tod mitten im Leben.
Denn den Tod treffen wir mitten im Leben. Jeder Tod macht beziehungslos. Wenn andere Menschen nicht als Bereicherung des eigenen Lebens sondern als Konkurrenten angesehen werden, nicht als Herausforderung und Quelle von Glück sondern als Bedrohung; wenn eine Gesellschaft sich so entwickelt, daß die Menschen vom Brot allein leben und daran sterben – am Brot allein, von dem allein kein Mensch leben kann – dann regiert der Tod mitten im Leben. Das ist der Tod, von dem die Bibel spricht: der Tod der Beziehungslosigkeit, der Tod der Sprachlosigkeit: der Leerlauf, die Langeweile, das Funktionieren. Viele Menschen sterben diesen Tod. Das ist ein schlimmer Tod, weil man danach noch weiter lebt. Diesem Tod der Beziehungslosigkeit hat Rio widersprochen, zeitlebens.
Jetzt ist seine Stimme verstummt. Alle Beziehungen zu ihm sind abgebrochen. Entsetzen, Fassungslosigkeit und Trauer

beherrschen das Feld. Und lauter wird die bange Frage: Was bleibt? War's das?

Wir legen uns Antworten zurecht, beispielsweise diese: Rio war es vergönnt wie vielen Künstlern und Genies vor ihm, in der heute kurz erscheinenden Lebensspanne von 46 Jahren alles zum Ausdruck zu bringen, was ihm gegeben war.

Mag sein. Aber wie weit tragen unsere selbst gezimmerten Sinn-Konstruktionen? Gelten sie auch für alle die Menschen, die belogen und jung um ihr Leben betrogen wurden? Gelten sie auch für die, die wieder betrogen sein werden, wenn Rios düstere Ahnung sich realisieren sollte: immer weiter auf der Leiter, bis es knallt?

Eine kleine leise von Michael Trowitzsch aufgeschriebene Geschichte will ich Euch erzählen:

Ein alter chinesischer Maler zeigt seinen Freunden das Bild, das er zuletzt gemalt hat. Es zeigt einen Park mit einem schmalen Weg, der sanft hinauf führt, vorüber an Baum und Wasser bis zur roten Tür eines Schlosses. Die Freunde betrachten das Bild. Doch als sie sich zum Maler wenden wollen – das seltsame Rot? –, steht dieser nicht mehr neben ihnen; sie entdecken ihn plötzlich im Bild, er geht auf dem schmalen Weg zu der fabelhaften Tür, steht vor ihr stille, kehrt sich um, lächelt, öffnet die Tür und verschwindet dahinter.

Wie mit diesem Maler geht es mir mit Rio. Beim Hören seiner Musik entstehen Farben und Traumbilder. Und er ist mittendrin in seinen Texten und Tönen, aber plötzlich schließt sich hinter ihm eine Tür. Seine Stimme ist noch da, auch seine Musik. Aber er ist fort. Jetzt, wo er fort ist, werden wahrscheinlich viele Menschen auf ihn aufmerksam – das seltsame Rot?

Die Tür aber ist ins Schloß gefallen.

Ihr habt nun Traurigkeit, aber ich will euch wiedersehen.

Nur eine schöne Illusion? Nur Trugbild, Fata Morgana, Schimäre?

Ich will euch wiedersehen, davon singt auch das alte Volks-

lied: »Wann kommst du aber wieder, wann kommst du aber wieder, Herzallerliebster mein?« Und traurig antwortet der: »Wenn's schneiet rote Rosen und regnet kühlen Wein ...«
Wann kommst du aber wieder? Der Tod gibt nichts wieder her. Die Tür ist ins Schloß gefallen und der Riegel ist vorgeschoben. Der Tod ist beziehungslos und macht beziehungslos. Er ist stumm und macht stumm.
Und doch erzähle ich Euch die Geschichte spiegelverkehrt. Die kleine Tür im seltsamen Rot öffnet sich von der anderen Seite her. Der gekreuzigte und auferstandene Christus schiebt den Riegel beiseite, tritt heraus, steht still, lächelt, kommt den schmalen Weg herunter, vorbei an Baum und Wasser ... und sagt: »Euer Herz soll sich freuen und niemand soll die Freude von euch nehmen.«
Niemand und nichts! *Keine Macht für niemand,* erst recht nicht für den Tod!
Doch noch regt sich dieser Niemand und noch dringt dieses gewalttätige, laute und zugleich stumme Nichts an uns und will unsere Freude austilgen. Dieser Niemand und dieses Nichts sind darauf aus, daß die Liebe erkaltet und die Sachlichkeit zum Tode die Welt regiert. Die Bibel nennt diesen Niemand und dieses Nichts Mächte und Gewalten oder Fürst dieser Welt. Unter ihrem Regiment wird geflüstert: vielleicht lohnt sich alles nicht ...
Womit trotzt die Freude?
Trotz ist nicht immer hochgerecktes Kinn und Bärenfell auf der Schulter, Faust auf der Bibel oder König von Deutschland sein. Der Trotz der Freude ist das ganze Leben. Trotz ist Rios Kinderlachen oder seine Art anarchistischer Leichtigkeit. Trotz ist: untröstlich sein über alles, was dem Leben angetan wird und glücklich sein über alles, was ihm geschenkt ist. Trotz ist das freche Lachen gegen alles, was sich so gravitätisch wichtig gibt: sei es das Geld, der Besitz, die Wirtschaftsordnung, die Position, das Ansehen, die Rangordnungen oder die herrschenden Selbstverständlichkeiten. Trotz ist das dann und wann durchaus angebrachte

höhnische Lachen der Wachsamkeit, aber vor allem auch, statt des bösen Blicks, die entwaffnende Menschlichkeit.

Der Trotz der Freude kollaboriert niemals mit dem Tod. Rio wollte den Tod nie seinen Trotz sein lassen und auch die Gewalt nicht. Mit dem Leben wollte er trotzen und widerstehen. Oft mit absurdem Theater. Da schneite es dann rote Rosen und regnete es kühlen Wein ...

Bin ich denn, sind wir denn den Mächten, dem Niemand, dem Nichts, dem Fürsten dieser Welt ausgeliefert? Haben sie das letzte Wort?

No, Sir! Die Freude kann trotzen, weil sie weiß, daß das Unwesen dieser Welt einmal ein Ende haben wird. Die Freude kann trotzen, weil dem Tod der Stachel genommen ist. Die Freude kann trotzen, weil der verspottete und höhnisch ins Nichts gestoßene Christus mich wiedersehen will. Denn der abgrundtief in Liebe gefallene lebt, ist auferstanden von den Toten; lebt in immer neu zu entdeckenden Landschaften der Herzlichkeit, in dem Park mit dem Weg, der hinaufführt an Baum und Wasser vor-über bis zu der roten Tür im Schloß, ein seltsames Rot. *Dann werdet ihr mich nichts mehr fragen.*

In alle Zukunft werde ich, Rio Reiser, vom Gott des Wiedersehens in die Arme geschlossen, am ganzen Leibe. Und alles wird gut sein.

Yes, Sir! Ja und Amen – das ist: es werde wahr!

JOACHIM WOHLGEMUTH

Vermutlich wurde seine Romanfigur Egon berühmter als ihr Schöpfer; jedenfalls ist das bei insgesamt 31 Auflagen des Romans »Egon und das achte Weltwunder«, die letzte 1996, nicht auszuschließen. Im gleichen Jahr starb am 9. Oktober sein Verfasser, Joachim Wohlgemuth. Er wurde 64 Jahre alt. Bei der Beerdigung sprachen sein Schriftstellerfreund Helmut Sakowski und der einstige Vize-Kulturminister der DDR, Klaus Höpcke.

Helmut Sakowski
DEN ARGONAUTEN GLEICH, ZU NEUEN UFERN

Liebe Frau Wohlgemuth, liebe Freunde, meine Damen und Herren,
wir wollen an Joachim denken, ihren einzigen Sohn, der uns ein Freund war oder doch gut bekannt.
In letzter Zeit veränderte sich seine Persönlichkeit. Es schien, als wolle Jochen gewisse Distanz, die wir trotz langer Freundschaft immer gehalten hatten, verringern, als wollte er so nahe an mich heranrücken, daß ich verstehen konnte, was er sich flüsternd von der Seele reden mußte. Schließlich hat er mir anvertraut, wie bedroht er sich fühlte, daß ihn Krankheit zu lähmen begann, wie ein schleichendes Gift, daß ihm sein armer Kopf manchmal verrückt war, wie ihn Geräusche peinigten und Bilder bedrängten bis zur Verzweiflung. Er hatte Angst.
Seit diesen Tagen nannte er mich mit einem Mal seinen alten Kumpel und konnte sich wie ein Kind freuen, wenn ich ihn besuchte, oder doch wenigstens telefonisch fragte, wie es ihm erging.
Er suchte Schutz.
Es war abgemacht, daß ich ihn ins Ärztehaus nach Neubrandenburg fahren würde. Er sollte den Neurologen vorgestellt werden und hatte vorher in aller Eile sein Haus bestellt,

auch mit Hilfe seiner Freunde für die alte Mutter vorgesorgt, die sich unverzagt im Leben gehalten hatte, um ihren großen Jungen zu behüten. Er hat noch ganz zuletzt von ihrer großen Tapferkeit gesprochen.
Ich sah ihn an der Hauswand auf einem großen Koffer hocken, als ich mit dem Wagen vorfuhr. Er hatte gewartet.
Jetzt erhob er sich eilig und ergriff das schwere Gepäck.
Schüchternes Lächeln. Schön, daß du da bist, alter Kumpel. Es wunderte mich, daß er gerüstet war wie zu einer großen Reise.
Wir werden am Abend daheim sein. Er schüttelte den Kopf.
Hilf mir, daß mich die Ärzte behalten.
An diesem durchsonnten Spätsommertag prangte der verwunschene Garten von Niemannslust in sattem Grün.
Jochen stieg ein und schlug die Türe zu.
Kein Blick zurück.
Aber ich, sein alter Kumpel, will das tun.
Ich erinnere mich, daß Anfang des Jahres 1963 im Forsthaus Krumke, nahe Osterburg gelegen, eine Gesandtschaft aus Neubrandenburg erschien, um Geschenke darzubringen. Blumen für die Hausfrau, Naschwerk für die Kinder, eine Buddel für den Förster, der sich seit einiger Zeit in der Literatur versuchte.
Von den Gesellen aus dem Norden war Wohlgemuth der schönste, gerade um dreißig, lang und schlank mit gewellter Mähne, ein Bild von einem Mann. Und er war seit Jahresfrist berühmt als Autor eines Romans »Egon und das achte Weltwunder«, der mit der Zeit zu einem regelrechten Kultbuch avancieren sollte.
Der Erfolgsautor schilderte die literarische Szene im ländlich geprägten Neubrandenburg und artikulierte stockend und nuschelnd so originell, daß er selbst bei Schilderung ernster Tatbestände erheiternd wirkte.
Fritz Reuter nämlich, das war einmal. Die Gattin hatte wegen des horrenden Alkoholkonsums in Mecklenburg nicht geruht, bis sich der Dichter am Fuße der Wartburg

niederließ. Fallada war bald nach dem Kriege von einer Dame aus Carwitz verschleppt worden. Beide Dichter längst verblichen, die Region als amusisch verschrien. Man versuchte, ein Vakuum zu füllen mit Wohlgemuth und Margarete Neumann, einer reschen Person, die in einem Hexenhäuschen am Brodaer Holz eine Geschichte nach der anderen strickte, aber nicht des Skatspiels mächtig war, wie Franz Freitag, der Verfasser derber Schwänke.
Sie brauchten dringend einen dritten Mann.
So komisch sich diese Werbung ausnahm, so ernst war sie gemeint. Also gab ich das Ja-Wort, verließ meine Wälder, wurde ein Nachbar Wohlgemuths in Mecklenburg und schließlich sein Freund.
Er war ein Freund für jedes Wetter – und das ist es, was für mich wiegt. Das wiegt mehr als alles andere. Niemals werde ich ihm vergessen, daß er an meiner Seite geblieben ist bei kältestem Wind, dem wir uns entgegenstemmen mußten, während andere sich die Mütze tief ins Gesicht zogen und sich abwandten, als wären sie nicht dabeigewesen.
Wer schreibt, ist auf seine Individualität bedacht. Ein Talent solidarisiert sich nur ungern, und gewiß hat Lichtenberg nicht unrecht, wenn er meint, niemand urteile unbilliger als Literaten über Literaten.
Ich konnte Wohlgemuths Originalität bewundern und bei Lektüre seiner Texte Tränen lachen. Heinrich Mann beginnt seinen weltberühmten Roman »Henri IV.« mit den Worten: »Der Knabe war klein, die Berge waren ungeheuer.«
Der erste Satz des Nachwende-Krimis »Brandzone«, erst dieses Jahr erschienen, lautet: »Die Katze sah auch an diesem Morgen nach links, kaum, daß sie den Kopf ins Freie gesteckt hatte.«
Das lesen wir, und da hören wir ihn. Da können wir ihn vor uns sehen, verlegen lächelnd, den Joachim Wohlgemuth. Er hat uns viele heitere Bücher hinterlassen: »Verlobung in Hullerbusch«, »Der Vater bin ich«, »Ein Puppenheim in

Pinnow« und andere. Manche von ihnen waren Vorlage für erfolgreiche Hörspiele, Filme oder Theaterstücke.

Rauschende Premiere am Theater in Neustrelitz, volles Haus, tosender Beifall. Er wird vor den Vorhang gerufen. Da steht er im Rampenlicht und neigt sich, ein wenig linkisch: Joachim im Glück!

Es heißt, jeder Autor ist so gut wie sein bestes Buch. Sein bestes Buch ist »Egon und das achte Weltwunder«. Als er es schrieb, hatte er sich, womöglich unbewußt oder auch dreist, in die Tradition der großen Schelmenromane gestellt. Dieser Egon, sage ich, hat was vom Geiste des Tom Jones, jenes tolpatschigen Helden, der von einem Abenteuer ins nächste stolpert, bis sich sein Schicksal zum Guten wendet, und er endlich mit der richtigen Frau zu Bette geht. Wie Fielding war Wohlgemuth ein unerhört fleißiger Rechercheur, und wie der große Engländer hielt er die gefundenen Details für so wesentlich, daß er darauf bestand, viele mit ins Buch zu nehmen, sei es nun die Art und Weise, wie man Karpfen ködern oder eine Große Wiese meliorieren muß. Auch auf so eine Weise entsteht Realismus.

Das Talent, wissen wir, solidarisiert sich nur ungern mit seinesgleichen.

Dennoch fanden sich zu Beginn der sechziger Jahre ein paar Autoren im Neubrandenburgischen zusammen, in der Absicht, unerhörte Begebenheiten von Leuten zu erzählen, die auf dem Lande lebten.

Der Beitritt zu den Genossenschaften, von schwächeren Bauern tatsächlich erwünscht oder als notwendig erkannt, war von anderen mit Zwang erpreßt worden und hatte die Lebensumstände Hunderttausender von Menschen verändert. Das hatte eine historische Dimension, und eine literarische auch. Und wir hatten einen verwegenen Traum: Wir wollten, daß sich das Volk und die Leute von der Kunst einander näherkamen. Daß sich damals ein paar Schriftsteller formierten, hatte mit Cliquen- oder Gruppenbildung nichts zu tun, sondern trug Züge einer avantgardistischen Literaturbewegung, so denke ich, und die Erfolge schienen uns recht zu geben.

Das Fernsehen verbündete sich mit den Neubrandenburger Autoren, indem es ihre Geschichten auf den Sender brachte. »Maria« von der Neumann, »Sorgenkinder« von Freitag, achtbare Versuche. Aber die Verfilmung von Wohlgemuths »Egon und das achte Weltwunder« geriet zum absoluten Hit. Der Film ist an die zwanzig Mal über den Bildschirm geflimmert, vor der Wende wie nach der Wende, und auch dieses Faktum widerlegt die Behauptung, daß mit dem Untergang der DDR alle DDR-Kunst im Orkus der Geschichte versunken wäre oder die Literaturgeschichte der DDR müsse neu geschrieben werden.

In diesem Zusammenhang wird auf scholastische Weise die Frage erörtert und abgehandelt sogar an der Persönlichkeit wie an der Arbeit Strittmatters, ob denn ein böser Mensch imstande sei, ein gutes Werk zu fertigen. So als wären Gut oder Böse moralische Kategorien, von Gott gegeben und gültig bis in alle Ewigkeit. Was uns gut oder böse dünkt, ist allemal abhängig von der Haltung des Betrachters, und der Fürstbischof von Würzburg wird ganz anders geurteilt haben als seine gepeinigten Bauern, für die Tilman Riemenschneider Partei ergriff – sonst hätte er nicht den Henker gerufen, um Tilman die Hände brechen zu lassen, so daß der fromme Kunstmeister hinfort unfähig war, »aus Holz und Stein das Schöne zu erwecken«.

»Auch das gab es in Deutschland, auch das hat es immer gegeben«, sagt Thomas Mann, dessen Bücher verbrannt worden waren.

Was damals in den sechziger Jahren die Schriftsteller in Neubrandenburg miteinander verband, hat andere angezogen. Werner Lindemann gehörte bald zu uns. Herbert Jobst war auf kameradschaftliche Tuchfühlung aus, und endlich kam Brigitte Reimann, schon von Krankheit gezeichnet, aber eigenwillig wie eh und je. Sie suchte Geborgenheit bei uns. Auch einer ihrer Romane war erfolgreich über den Bild-

schirm gegangen, »Die Frau am Pranger«. Ein Aufschrei gegen Barbarei. Ein Plädoyer für Toleranz.
Wir wollten Wirkung machen, wollten näher heran an die Leute mit unserer Kunst. Wir waren streitbar, denke ich, manchmal auch aufsässig gegenüber der Bürokratie, und keiner von uns hatte Angst – es sei denn vor böser Krankheit.
Und es ging hoch her, wenn wir in der Runde saßen, der Freitag, bei dem man nie sicher war, ist es ein scharfes Wässerchen oder das gläserne Auge, das seinen strengen Blick ausmachte, der hintersinnige, verquere Jobst, der lebens- und liebeshungrige Lindemann, die immer noch schöne Reimann, die mit herrischer Gebärde das Haar über die Schulter zurückwarf und sich darüber lustig machte, daß unser guter Joachim Wohlgemuth seinem Helden in der Wiese tatsächlich einen Dialog mit dem Spaten zugemutet hatte.
Sie sind alle tot, und ich bleibe ihnen dankbar, weil ich der Gemeinschaft mit ihnen die besten Jahre meines Lebens verdanke. Damals ähnelten wir einer Mannschaft, der Becher einmal das Wort geredet hatte. Joachim gehörte zu dieser Mannschaft verschiedenartiger Schriftsteller, die sich trotz aller Gegensätzlichkeit zueinander und nicht ohne Ressentiments zusammengefunden hatten, um aufzubrechen, den Argonauten gleich, zu neuen Ufern.
Selbstverständlich muß das heute vermessen klingen, jedermann weiß, daß wir das Goldene Vlies nicht gefunden haben, weil unser Schiff gestrandet ist.
Nun ist auch Joachim Wohlgemuth von Bord gegangen.
Ich muß noch bleiben.
Ich rufe ihm nach: Habe Dank, alter Kumpel.

Klaus Höpcke
Worte an Joachim Wohlgemuths Grab

Ich verabschiede mich von Dir, lieber Jochen, erstens mit einem Versprechen.
Es knüpft an Heinrich Zilles Wort an, man könne einen Menschen mit einer Wohnung töten wie mit einer Axt. Man kann, wie wir erfahren mußten, Sterbensqualen verschlimmern, indem man wie eine Axt Akten schwingt. Unser Versprechen: Nicht Leute zu rechtfertigen, die einst ihre Mitmenschen hintergangen haben, aber sehr wohl denen beizustehen, die mit tendenziös ausgewählten und gedeuteten Papieren bedroht werden wie mit einer Axt.
Zweitens, lieber Jochen, laß uns voneinander Abschied nehmen mit einer tröstlichen Vermutung. Sie betrifft Deinen Roman »Verlobung in Hullerbusch«. Es ist jetzt drei Jahrzehnte her, daß Du ihn geschrieben hast, 1969 kam das Buch heraus. Du stelltest Deinen Helden vor die Entscheidung, Eigentümer eines Hofes in Holstein zu werden – oder Miteigentümer einer LPG in Mecklenburg.
Wer Auskunft sucht über die Ursachen der Widerstandskraft hiesiger Bauern in der Verteidigung ihrer Agrargenossenschaften heute, dem kann die Lektüre dieses Romans eine Vorahnung vermitteln. Es bestätigt sich in Deinem Buch, was Dein früherer philosophischer Studienkollege und späterer Schriftstellerkollege Volker Braun so ausgedrückt hat:
»Die sicherlich bemerkenswerteste Bewußtseinsänderung zeigt sich in der Haltung unserer Bauern, die nach unerhört wenigen Jahren sich mit ihrem kollektiven Dasein nicht nur abgefunden, sondern identifiziert haben, in einem Maße, das bei dem eingefleischten Eigentumstrieb einem Wunder gleichkommt. Das ist ein epochaler Vorgang, von dem man noch in Jahrhunderten berichten wird.«
Es ist in den Tagen unserer Trauer um Deinen Tod ein tröstender Vorgang, vermuten zu können, daß zu den

Büchern, die über den epochalen Vorgang auch Angehörigen künftiger Generationen etwas erzählen, einige von Dir geschriebene gehören. »Egon und das achte Weltwunder« vor allem, aber andere eben auch, so eines über eine hullerbuschige symbolträchtige Verlobung.

Im Tode nicht anders als im Leben sollen es der Dinge drei sein, damit sich's zum Ganzen fügt. Also das dritte und letzte Wort des Abschieds: Mit Deinen Freuden, lieber Jochen, wie mit Deinen Leiden wirst Du uns auch künftig gegenwärtig sein. Dein Frohsinn haftet in unserer Erinnerung, aber auch Deine Fragen aus anstrengenden Phasen des Zweifels und Selbstzweifels wirken weiter – anregend und herausfordernd.

Als der Mensch, der Du warst, bleibst du bei uns, unter uns, mit uns, in uns.

ROBERT KÜNDIGER

Er war Seemann im Krieg, Bergmann danach und danach wieder Marineoffizier in der Bundeswehr. Als der Korvettenkapitän die Überzeugung gewann, daß ihm die ganze Richtung nicht paßte, die bei der NATO seinerzeit Vorwärtsstrategie hieß, quittierte er den Dienst und verließ die Bundesrepublik. In der DDR stieß er eines Tages zum Filmstab des Regisseurs Karl Gass, als dieser einen Fachberater für seinen Film über Dönitz sucht. Robert Kündiger war 72 Jahre alt, als er am 10. Januar 1997 starb.

Karl Gass
DIE BÖSE IRONIE DER GESCHICHTE

Verehrte Angehörige Roberts, verehrte Freunde und Kollegen, liebe Barbara und Elsa.
Wir sind hier für einen Moment miteinander verbunden, weil Roberts Tod uns zusammenführt – in Trauer, in Respekt, in Nachdenken. In Trauer, oh ja. Es ist immer zu früh und die falsche Zeit, wenn man jäh gezwungen ist, Abschied zu nehmen. Im Dezember hat er mich zuletzt angerufen, zum Geburtstag, so was vergaß er nie und bei niemandem. Er schilderte einen nicht erfreulichen Zustand, aber wie immer entschlossen, aktiv, beherrscht und nicht ohne seinen herben, hintersinnigen, manchmal grimmigen Humor. Er hat so gerne gelacht. Es war klar: Zweite Januarhälfte sieht man sich und wir quatschen endlich wieder zusammen! Warum nur sind wir alle schon so träge und unterwerfen uns der Isolierung einer Gesellschaft, die ihre Fremdheit als Individualisierung verkauft – nun stehen wir hier und nehmen Abschied.
Aber in die zornige Trauer hinein will ich sagen: Gönnen wir Robert, der sich lange und zäh mit den Widrigkeiten der Krankheiten herumgeschlagen hat, daß ihm wehrloses Dahindämmern erspart blieb.

Respekt und Nachdenken. Nachdenken über Robert Kündiger ist Nachdenken über eine sehr deutsche und als solche wiederum sehr besondere Biographie, auch also über deutsche Geschichte. Das führte uns zusammen auf Anhieb, auf Zuruf gewissermaßen, und machte jene Filmarbeit in den 80er Jahren so fröhlich, so intensiv und wohl doch auch erfolgreich. Jeder brachte ein Stück eigenen, anderen Lebens ein.
Es gibt ein gutes Wort in der deutschen Sprache, das im Alltagsgebrauch leider verwischt und einseitig abgewertet wird. Das Wort *merkwürdig*. Es meint doch des Merkens würdig und nicht absonderlich, komisch. In diesem echten Wortsinn ist Robert Kündiger ein merk-würdiger Mensch gewesen.
Aus der Lessing-Stadt Kamenz ist ihm ein scharfer, kritischer, aufklärerischer Geist mitgegeben worden. Der war und blieb ungewöhnlich für einen Offizier der deutschen Marine, sowohl unterm Reichs- wie unterm Bundesadler, ist doch diese Waffengattung seit dem November 1918 mit dem Revolutionstrauma geschlagen und wachsam gegen jeden linken, also fast gegen jeden Gedanken. Robert Kündiger ist ein Mensch radikaler, aber durchdachter Entscheidungen: Der Leutnant zur See übersteht U-Boot- und Zerstörerkrieg, der Leutnant a.D. wird Bergmann. Er sieht die Erde von unten und lernt die Welt aus anderem Blickwinkel sehen und überdenken. Aber, neue Wendung, er geht noch einmal zur Flotte. Und verläßt, aus militärischem Wissen, politischer Überzeugung und menschlicher Verantwortung die bundesdeutsche Beamtenkarriere und Lebenssicherheit. Ich kann nicht darüber urteilen, was das für eine Familie bedeutet. Keine Entscheidung solchen Ausmaßes geht ohne Verletzungen ab. Aber die wir mit ihm arbeiteten, also auch lebten, wissen, daß Robert gütig war, hilfsbereit, gebefreudig, fast begierig zu helfen, einen Gefallen zu tun, aufmerksam. Seine harte Entscheidung muß also sehr überlegt gewesen sein. Es ist die böse Ironie der Geschichte, daß der

Lauf der deutschen Dinge ihm äußerlich nicht recht gegeben hat. Wenn wir zwischen 1984 und 1989 im Auto nach Kleinmachnow fuhren, immer um Berlin herum, haben wir den falschen Lauf der Dinge im eigenen Land heftig und bitter debattiert. Seine Lebensentscheidung hat Robert Kündiger nie bereut oder zurückgenommen, mit Recht, wie ich denke. Auch das sollte ihm jeder gönnen, die Treue zu sich selbst.
Mit der Marine war er fertig. Ich habe ihn immer um diese Vergangenheit beneidet, mit Selbstironie, aber als Junge war seine Karriere meine Sehnsucht. Zeit und glückliche Zufälle haben das vor und nach 45 verhindert. Aber im Umgang mit dem »Dönitz-Material« entstand so eine Art gemeinsamen Indianerspiels, wie Thomas Mann es bei Schiller entdeckte. Annäherung und neue, kritische Abstoßung, Nachvollzug von Leben. Es war eine gute Arbeitszeit.
Aber was in ihm geblieben war: die Nähe, die Liebe zu Meer und Küste. Wenn er Karten schrieb von den Ferien mit Barbara und Elsa auf den Inseln, waren sie voller Freiheit und Glück.
Salut für Robert!

HEINER CAROW

Die Trauerfeier für den am 31. Januar 1997 im Alter von 67 Jahren verstorbenen DEFA- Regisseur fand im Kino des Spielfilmstudios in Babelsberg statt, von wo aus alle seine Filme ihren Weg in die Lichtspielhäuser begannen. Die Schauspielerin Angelica Domröse war die Paula in Carows zum Kult avancierten Film »Die Legende von Paul und Paula«.

Angelica Domröse
Trauer ist ja die Fortsetzung der Liebe

Es fällt mir nicht leicht, heute und hier zu sprechen. Aber Trauer ist ja die Fortsetzung der Liebe.
Im schönen Monat Mai des vergangenen Jahres fuhren wir zu viert: Heiner, Evelyn, Hilmar und ich, zur Feier des 50jährigen Bestehens der DEFA – dabei gab es die DEFA gar nicht mehr.
Zur fortgeschrittenen Stunde fragte mich ein Rundfunkjournalist: »Wie ist das mit der Freundschaft zwischen Ihnen und Heiner Carow?« Und ich sagte: »Na, wenn Heiner in Alaska ist, und ich brauche ihn und rufe ihn – und er kommt. So ist das mit uns.«
Daran mußte ich denken, als ich von Heiners Tod erfuhr. Und an vieles andere!
Unsere Freundschaft entstand durch unsere gemeinsamen Arbeiten. Das ist ja auch das Schönste und Intensivste – muß nicht sein, aber war bei uns so. Dabei haben wir durchaus nicht regelmäßig miteinander gearbeitet, dafür nicht mäßig und vor allem nie mittelmäßig.
Ich mochte Heiners Lachen, ich mochte seine Besessenheit, seine Vehemenz, er war kein Diplomat, ich mochte, daß er vergeben konnte, denn er war nicht nachtragend, und ich mochte seine Jungenhaftigkeit. Aber, ich liebte den Chaoten Heiner mit ein bissel Anarchie. Es bleibt mir bis heute ein Rätsel, wie der Chaot Carow mit einer inneren Logik

seine Filme zu Ende brachte. Ja, den Chaoten liebte ich. Heiner hatte nie etwas Festgefahrenes oder Betoniertes. Immer ging noch eine Tür auf, und dadurch auch bei mir. Grenzüberschreitend sagt man auch dazu.
Heiner Carow hatte Sinn für die Poesie der einfachen Leute und ihre große Gefühlswelt, und Heiner hatte Sinn für Außenseiter! Wenn Heiner mir einen Film anbot, war da natürlich die Spielgeilheit, aber auch gleichzeitig die Leidenschaft für seine Stoffe. Es war mir eine große Ehre, mit Heiner arbeiten zu dürfen.
Heiner hatte wunderbare Stoffe beim Wickel, und alle, die Heiner länger oder näher kennen, wissen, wie viele Monate, nein Jahre, er durch dieses Studio latschte und seine Stoffe nicht realisieren konnte. Und wie viel Anteil Evelyn daran hatte, daß er nicht verrückt geworden ist oder böse und bitter oder gar zynisch. Überhaupt hat in allen künstlerischen Krisen, gesellschaftlich-künstlerischen Krisen und Lebenskrisen seine Familie zu ihm gehalten.
Als es die Mauer nicht mehr gab, stand er vor mir. Mit Jeans, seinen komischen Haaren, den unvergleichlich lustigen braunen Augen, eine Zigarette im Mund, eine in der Hand. Lachte und hatte ein Drehbuch unterm Arm. Wir hatten uns über 10 Jahre nicht mehr gesehen, und es fremdelte keine Sekunde zwischen uns.
Gleich ging's zum Stoff. Wir machten den Film zusammen, und das war kein Zuckerschlecken. Ein bißchen Rest-DEFA-Geld und ein bißchen West-Produzent. Außenaufnahmen in einem evakuierten Dorf bei Leipzig aus dem 18. Jahrhundert. Das unentwegte Geräusch der Kohleförderbänder. Gespenstisch. Dann ein Wiedersehen mit diesem Studio. Alle Häuser standen, alle Bäume – aber keine Menschen. Nur unsere kleine Crew im Haus Drei, und alle ihre Kündigung in der Tasche. Das ging so weiter. Film fertig. Kein Verleih – dann doch einen, und großer Start im großen schönen Deutschland mit zwei oder drei Kopien.
Im Zusammenhang mit diesem Film sagte mir Heiner einmal

leise: »Ich werde bald keine Carow-Filme mehr machen. Es wird keinen neuen Carow-Film geben.«
Dennoch resignierte Heiner nicht. Er machte das, was möglich war, und das, was nötig war.
In den letzten Monaten arbeitete er mit großem Ernst für die Akademie der Künste und sagte auch sehr leise: »Einer muß es ja machen.«
Heiner träumte bis zum Schluß. Ich hätte ihm ein Alterswerk gewünscht, obwohl ich mir Heiner so richtig alt gar nicht vorstellen kann. Aber der Junge hatte noch was zu sagen.
Jetzt ist er schon drei Wochen dahin – jetzt lebt man schon wieder damit.
Er fehlt mir sehr.

STEPHAN HERMLIN

Er wurde geachtet, ja, verehrt, zumal von seinen Lesern wie von den meisten Schriftstellerkollegen seines Landes und vieler Länder. Gleichwohl hatte er Feinde, die ihn seiner Gesinnung wegen schmähten und zu verleumden suchten. Und es gab Gleichgesinnte, die nicht wußten und nicht begriffen, was sie an ihm hatten. Stephan Hermlin starb am 6. April 1997 wenige Tage vor seinem 82. Geburtstag. Dem Begräbnis mit der Grabrede seines Verlegers Klaus Wagenbach folgte eine Trauerfeier im Berliner Ensemble. Zwei der Redner, die dort Werk und Wirken des Dichters würdigten, waren der Schriftsteller Stefan Heym und der Publizist und erste Ständige Vertreter des westlichen im östlichen der beiden deutschen Staaten, Günter Gaus.

Klaus Wagenbach
GRABREDE AUF STEPHAN HERMLIN

Wir begraben heute Stephan Hermlin auf einem Friedhof, auf dem viele seiner Freunde liegen, leibliche wie geistige. Auf dem Dorotheenstädtischen Friedhof, den er selbst einmal genannt hat, vor gut zehn Jahren, in einer seiner vaterländischen Klagen: »Die mißlungene, verfehlte Geschichte, die man einholen möchte, aber nie ganz einholt, längst vergangen, aber immer noch in ihrer Unvollkommenheit gegenwärtig, unversehens auftretend, nachts, aus den Werken der Kunst hervorblickend, hervordrohend, das fahle gemarterte Fleisch in Colmar ... die Horizonte Altdorfers in furchtbar zerreißender Bläue, die wahnwitzigen bayrischen Schlösser mit den Schmerzen des Amfortas ... Tübkes Bauernkrieg dort, wo der Kaiser schläft ... die Gräber in Tübingen und Zürich und auf dem Montmartre ... Fürstengruft und Dorotheenstadt, die Asche ohne Gräber, die verbrannten roten Fahnen ... Du kaltes, schönes Vaterland, in sich erstarrt, scheinbar blühend zwischen verpesteten Flüssen, von undurchdringlicher Gleichgültigkeit.«

Es gibt nur wenige deutsche Schriftsteller, die unsere »mißlungene, verfehlte Geschichte« so beklagt haben wie Stephan Hermlin. Deren Trauer darüber so grundlegend und lebensbestimmend war.

1915, in einem katastrophalen Jahr, in diese verfehlte Geschichte hineingeboren, wuchs er – zuerst in Chemnitz, später in Berlin – unter Umständen auf, die politische Erkenntnisse weniger begünstigten als künstlerische. Literatur, Kunst und Musik waren die bestimmenden Erlebnisse für ein Kind, das schon früh lesen und Geige spielen lernte und das schon im Alter von dreizehn Jahren das Gefühl hatte, nicht nur diesem Milieu, sondern auch sich selbst »etwas entgegensetzen« zu müssen, was dann, mit sechzehn Jahren, zum Eintritt in den Kommunistischen Jugendverband führte, eine Entscheidung auf Lebenszeit.

In dieser Zeit wählte Stephan Hermlin auch sein Pseudonym als Schriftsteller – es lohnt, an die Geschichte dieses ersten Heiligen zu erinnern: Stephanus »nahm als Haupt einer Gruppe von Judenchristen aus der Diaspora eine freiere Stellung zu Tempel und Gesetz ein als die übrige Urgemeinde«; die Dogmatiker und Buchstabengläubigen haben ihn dann gesteinigt.

Die »freiere Stellung zu Tempel und Gesetz«, als Jude wie Kommunist, kennzeichnete Stephan Hermlin ebenso ein Leben lang wie sein Festhalten an Grundüberzeugungen, die ihn bald aus einem Land trieben, das er so sehr liebte. Im *Abendlicht* kann man nachlesen, wie schwer ihm im Januar 1933, angesichts der betrunkenen Massen am Brandenburger Tor, die Trennung fiel, wie »eintönig und hartnäckig« ihm eine innere Stimme sagte: »Ich gehöre nicht zu euch.«

Eine große Einsamkeit. So einsam, daß nur ein anderes, fast erträumtes Deutschland daraus befreien konnte, bis hin zu dem seltsamen, tieftraurigen Satz: »Die Engel des Vaterlandes standen um mich her.«

Das Vaterland wird beschworen gegen die Vaterlandsverräter. Wer diese Haltung nicht versteht, versteht den ganzen Mann nicht, der, so lange es ging, in Deutschland blieb und Widerstand leistete, der dann emigrierte und im Ausland, so lange es ging, Widerstand leistete, um mit der Befreiung, so schnell als möglich, zurückzukehren in sein Vaterland, das ihn wenige Tage vorher noch umgebracht hätte, wäre er in seine mörderischen Hände gefallen. Und der sich dann daran gewöhnen mußte, wie er schrieb, »unter Wahnsinnigen zu leben (...), die behaupten konnten, sie hätten (...) nichts gewußt«. Unter Leuten, deren Gesichter, erinnerte man sie an Dinge, die sie selbst gesehen hatten, plötzlich denen von »Schlaftrunkenen glichen«, und denen zugleich die »Sehnsucht nach Deutschland«, die jene exilierten Kosmopoliten hatten, ganz unverständlich blieb in einer Nachkriegszeit, in der kaum ein Deutscher Deutscher, sondern selbstverständlich Kosmopolit sein wollte.

Später hat Stephan Hermlin gesagt: »Man konnte wählen zwischen Beschädigtwerden und Sichheraushalten. Die sich herausgehalten haben, die edlen Geister, die kein Wort nach der einen oder anderen Richtung gebraucht haben, die die Kämpfe abgelehnt haben, die nicht daran teilgenommen haben, die kommen als Unbeschädigte davon. Ich möchte nicht auf diese Weise unbeschädigt davonkommen.«

Ich wiederhole: Wer diese Liebe Hermlins zu einem ihm vertrauten Deutschland nicht versteht, seine Hoffnungen auf ein anderes, neues Deutschland, der versteht weder die Person noch ihre Handlungen.

Er versteht nicht diesen schönen, hochfliegenden und hochgebildeten Mann, so sorgfältig gekleidet wie formulierend, von feiner Gestik – ein aufmerksamer, ernster Zuhörer. Zurückhaltend, oft distanziert, selbstverständlich: er befand sich ja im Land seiner (potentiellen) Mörder.

Diese ferne Nähe hat ihm viele Feinde eingebracht: Sie fühlten sich getroffen, die Herren ohne Biographie, die ewigen Mitläufer oder jene Leute, von denen er einmal sagte

(1979, also zu DDR-Zeiten), »deren Amt es war, die Kunst in eine Art Kasernenhof zu verwandeln ... im besten Fall von Zweifeln gestreift, verlegen, hilflos, häufig allerdings brutale Ignoranten«.

Wer ihn näher kannte, lernte ihn als höflichen, liebenswürdigen Gastgeber und selbstlosen Freund kennen. Dann nahm er auch mal die Pfeife aus dem Mund und lachte – wir haben jedenfalls viel zusammen gelacht.

Besonders in Angelegenheiten der Kunst war er stets hilfreich. Die hier Versammelten wissen es alle. Ich erinnere aber trotzdem noch einmal daran, daß er wegen der Vorstellung vieler junger Autoren – von Wolf Biermann über Volker Braun bis Rainer und Sarah Kirsch – seinen Posten als Sekretär der Akademie der Künste verlor, daß er nach der Entlassung Peter Huchels ebenfalls aus der Leitung der Zeitschrift *Sinn und Form* ausschied, daß er Günter Kunert im Schriftstellerverband gegen Angriffe und Ausschlußforderungen verteidigte, so wie er auch viele andere Schriftsteller vor dem Ausschluß aus dem Schriftstellerverband bewahren oder ihnen (auf seine stille Weise) die Ausreise ermöglichen konnte. Er hat außerdem dafür gestritten, daß Franz Fühmanns Trakl-Buch und Wolfgang Hilbigs Erstpublikation erscheinen konnten, daß die Zensur gegen Kafka, Proust, Sartre, Koeppen, Conrad, Faulkner und schließlich auch gegen Nietzsche aufgehoben wurde.

Ich lasse viele Namen und Bücher weg, die Liste würde sehr lang. Ich lasse nicht weg, daß Hermlin im Westen fast zwanzig Jahre nicht gedruckt, daß manche seiner Bücher im Westen *und* im Osten um mißliebige Stellen »bereinigt« wurden, ich lasse nicht weg, daß seine Bücher auch in der DDR über Jahre nicht gedruckt wurden, und keinesfalls aus Papiernot.

Ein selbstloser, ein unerschrockener, ein beispielhafter Mann!

Daß er nach 1958 keine Gedichte mehr geschrieben hat, ist für die deutsche Literatur ein Verlust: Ich hätte gern gewußt,

was er nach *Die Vögel und der Test* und *Der Tod des Dichters* geschrieben, wie er mit anderen Formen als den klassischen des Sonetts oder der Terzine umgegangen wäre. Ich hätte auch gern eine Fortsetzung des *Abendlicht* gelesen, in der er diese wunderbare Mischung aus Erinnerung und Parabel gefunden hatte, wie er sagte, »ohne didaktischen Vorsatz«. Dann, nach einer Pause: »Ein Text findet ja immer seine Fortsetzung im Kopf des Lesers.«
Die Fortsetzung dieser Anstiftung wird uns fehlen.
Besonders wird uns, ich komme zurück zum Anfang, seine gelassene Auffassung des Vaterländischen fehlen. Es ist heute ja gängige Münze, so zu tun, als sei die DDR ein Betriebsunfall der deutschen Geschichte gewesen, die nun nach ordnungsgemäßer Reparatur weiter fortschreiten könne.
Die Bücher von Stephan Hermlin werden uns – hoffentlich – vor solchem Kinderglauben bewahren. Sie haben die Haltung, die er einmal, samt ihren Konsequenzen, in einem großen Aufsatz über einen politischen Gegner, Chateaubriand, notierte: »Die Unabhängigkeit meiner Positionen verletzte fast immer die Männer, mit denen ich ging.«
Das traf sicher auch auf eine Prognose unserer Zukunft zu, die 1956 (im Zusammenhang mit Heine) geschrieben wurde und heute unglaublich wirklichkeitsnah klingt: »Heine ... hat darunter zu leiden gehabt, daß die Deutschen in ihrer Lebensfrage, in ihrem Verhältnis zu sich selber, keinen wirklichen Standpunkt gewinnen konnten. Ein Ausweichen ... hat sie daran gehindert, ... das Vaterländische als etwas nicht dem Menschheitlichen Entgegengesetztes, sondern vielmehr mit ihm tief Übereinstimmendes zu erfassen.«
Ein Leitmotiv, das bis in die letzte Erzählung reicht, einen kurzen Text mit dem Titel *Der Baum*. Gemeint ist die Moosbacher Linde bei Eisenach, mit dem Blick auf die Hörselberge. Eine Landschaft, von der Hermlin zweimal gesprochen hat, 1956 und 1986, bevor er ihr 1989 in diesem Stilleben die letzte Form gab. Und immer ist davon die Rede,

daß es eine Landschaft sei, auf die ein Wort passe, das er
»Ausländern oft schon vergeblich begreiflich zu machen«
versucht habe, das Wort »hold«. In den beiden frühen Er-
wähnungen heißt es dazu noch: »Hier ist Deutschland am
deutschesten.«
In der endgültigen Fassung fehlt dieser Satz. Und der Mann,
der unter der Moosbacher Linde sitzt, träumt nur noch. Der
Hörselberg, Tannhäuser, werden nicht mehr genannt. Aber
alles ist noch präsent. Tannhäuser, dem keine Absolution
erteilt wurde, ist in den Berg zurückgekehrt. Die Wilde Jagd
und ihre Zerstörungswut sind noch nicht eingetroffen. Aber
der ihnen vorauseilende getreue Eckart, der Warner vor der
Wilden Jagd, scheint schon da zu sein. Es scheint der Mann
unter der Linde zu sein, von dem es heißt: »Er träumt. Über
ihm träumt der Baum.«
Und die Erzählung endet mit den sieben Worten: »Hier
findest du deine Ruh. Ja. Hier.«

Stefan Heym
AURORA

Welch ein Tod, plötzlich, innerhalb einer kurzen Minute,
schmerzlos, und in den Armen eines geliebten Menschen –
und welch ein Leben, einer Idee gewidmet, für die er sich
einsetzte mit aller Konsequenz und an deren endliche
Verwirklichung er glaubte bis zu seinem Ende. Auf diese
Weise, so möchte man sagen, formten Tod und Leben bei
ihm jene schöne stilistische Einheit, auf die er auch in
seinem Werk stets solchen Wert legte, doch wird der Verlust,
der uns betroffen hat, durch die große innere Harmonie
dieses Schicksals für uns nicht leichter.
Stephan Hermlin und ich stammen aus derselben Stadt und
derselben Zeit und aus ähnlichem Milieu, besuchten sogar
die gleiche Schule. Wir nahmen auch später einen ähnlichen

Weg, und so war es kein Zufall, daß wir zwei ein inniges Verständnis und ein gutes Gefühl für einander entwickelten, nachdem wir uns nach langer Zuflucht in verschiedenen Ländern wieder begegneten. Ich sehe ihn noch, wie er in Dobris, im Park des tschechischen Schriftsteller-Schlosses dort, mit ausgestreckter Hand auf mich zukam, sehr aufrecht, ein Mann mit wohlgeformtem Kopf und durchgeistigten Zügen.
Kein Zufall also, daß wir auch in Praxis Freunde wurden. Wie oft half er mir, durch seinen Rat, durch seine Vermittlung, wie oft kamen wir zusammen, um gemeinsame Probleme zu besprechen, gemeinsame Erfahrungen gemeinsam zu bedenken. Und mir ist mehr als weh ums Herz, daß ich ihn heute beklagen muß. Ich tue es mit den Worten des Kollegen Heine, der da, sich selber im Auge, schrieb:
> Ein Posten ist vakant! – Die Wunden klaffen –
> Der eine fällt, die andern rücken nach –
> Doch fall ich unbesiegt, und meine Waffen
> Sind nicht gebrochen – nur mein Herze brach.

Der Vers hätte für Hermlin geschrieben sein können, der, ganz wie Heine, zeit seines Schriftstellerlebens politisch gehaßt und literarisch verleumdet wurde. Nur, Heine scheute sich nicht, scharf zurückzuschlagen, während Hermlin die Kränkungen, äußerlich zumindest, vornehm beiseite tat. Aber wie sehr der Schmutz sein Inneres vergiftete, besonders in den letzten Jahren, das wissen nur die wenigsten.
Hermlin war, bei aller Selbstbeherrschung, die er vor den Menschen zeigte, hoch sensibel; ein weniger sensibler Mann hätte weder ein Buch wie »Abendlicht« noch den »Scardanelli« oder den »Yorck von Wartenburg« schreiben können. Und ich habe Gefühlsausbrüche bei ihm erlebt, die mich ahnen ließen, was in ihm wirklich vorging und wie er an vielem litt. Aber seine »spätbürgerliche«, wie er es nannte, Erziehung ermöglichte es ihm, jene Zurückhaltung zu wahren und jene Abgewogenheit des Urteils zu demonstrieren, für

welche er respektiert und ein wenig auch gefürchtet wurde. Und wie er beides brauchte unter dem Druck, unter dem er oft genug stand seitens seiner Gegner wie auch der eignen Leute, und geplagt von den Widersprüchen, mit denen er sich auseinanderzusetzen hatte in Deutschland und besonders in dessen sozialistischem Teil! Auf die Frage, ob er, ein Jude, sich denn überhaupt als Deutscher fühlen könne nach all den deutschen Verbrechen, deren Zeuge und Zeitgenosse er gewesen war und die er beschrieben hatte in seiner »Ersten Reihe« und in anderen Prosastücken, antwortete er: »Letzten Endes bin ich beheimatet in der deutschen Dichtung und der deutschen Musik, in der bin ich zu Hause.«

Und was die DDR betraf, die er als die »erste staatliche Verkörperung der deutschen Arbeiterbewegung« definierte und deren Ziele und Zwecke er, lange Zeit schweigend, immer stärker durch stalinistische Muster und Strukturen entstellt sah, sagte er: »Viele Jahre hindurch war ich von der Angst besessen, eine Wahrheit zu erfahren, die mir unvereinbar mit der Sache zu sein schien, für die ich kämpfte. Später erst begriff ich, daß die ›gute Sache‹ nur zu verteidigen war, wenn man ihre Fehler, ihre Irrtümer, ihre Untaten bei Namen nannte.«

Nach dieser Erkenntnis hat er dann gehandelt, unter anderem in der Biermann-Affäre, als er seine Regierung, zusammen mit einem Dutzend Kollegen, aufforderte, ihre Entscheidung, den Sänger auszuweisen, zu überdenken – ein Novum damals in diesem Teil der Welt und ein Anstoß für vieles Weitere. Aber immer blieb als der Urgrund seines Handelns der Vers »Aurora«, den er schon 1940, als noch nicht Dreißigjähriger, dichtete:

> In dieser Nacht ist der Wind für immer umgeschlagen,
> Nichts konnte mehr so sein, wie es bisher gewesen war.

und jener andere, der den Geist des jugendlichen Revolutionärs und seine Haltung zu seiner Partei so perfekt ausdrückte:

> An jeder Ecke erschossen wir Hunger und Sterben,
> Wahnsinn, Pest und Verrat. Wir reichten der
> > zögernden Hand
> Waffen und Bücher. Und gegen das große Verderben
> Schmiedeten wir wie beflügelt den großen Verband.

Auch dann noch ging es um revolutionäre Veränderungen, als er, jetzt schon in älteren Jahren, jene Friedenskampagne in Gang setzte, die in dem Ost-Westlichen Schriftstellertreffen in Berlin gipfelte und mit der er, wie er es ausdrückte, sich einen Herzenswunsch erfüllte. »Wir sind an der Seite derer«, postulierte er damals, »die gegen das Massaker handeln, die den Schein jeder brennenden Lampe, das Leuchten jeder kommenden Frühe gegen das Flackern der Scheiterhaufen und das millionenmal grellere Licht der H-Bomben-Apokalypse verteidigen.«

Noch klingt mir seine sonore Stimme im Ohr. Wie präzise und wohl formuliert er immer sprach – und schrieb –, und wie klug und reiflich durchdacht! Seine Worte werden uns fehlen in den kommenden Jahren in diesem Lande, und nicht nur die Worte, der ganze Mann Stephan Hermlin, dessen Zeitgenossen und, lassen Sie mich das sagen, Freunde wir die Ehre hatten zu sein.

Salut, Kamerad.

Günter Gaus
Ein linker Bismarckianer

Zuwider ist mir fast alles, was sich in meinem Bewußtsein mit dem Namen Ernst Jünger verbindet; womit ich kein Urteil über ihn abgebe, sondern nur mich bloßstelle in meinem Unbehagen vor nationalen Gebrauchswerten, von denen Jünger einige hergestellt hat. Tief verehre ich Stephan Hermlin, was ein Empfinden ist, das zu meinem Trost nicht mit Hermlins Tod zu Ende geht. Stets war ich irritiert, wenn ich – unwillentlich, aber nicht selten – in Gedanken von dem einen zum anderen kam, vom verehrten Stephan Hermlin auf den mich verstimmenden Ernst Jünger oder umgekehrt, von Jünger auf Hermlin. Gewiß hatte das auch zu tun mit der anhaltend jünglingshaften Erscheinung der beiden alten Männer, deren Greisenhaar, wie mein Auge es sehen wollte, auch in geschlossenen Räumen gelegentlich zu wehen schien, zu wehen scheint.

Aber es war mehr als das Äußere, was mich dann und wann beide in eins denken ließ. Eine Frage, die ich mir stellte, brachte sie zusammen: Wäre Hermlin nicht im Jahr 1915 geboren, sondern wie Jünger 1895 – wäre er nicht Kriegsfreiwilliger gewesen im Sommer 1914, also einer jener selbstvergessenen jungen Männer im sogenannten Stahlbad, dem ersehnten, für die Jünger ein Prototyp ist? Wäre nicht Langemarck am 14. Oktober Hermlins Ort gewesen, wo er mit Kameraden an seiner Seite das Deutschlandlied angestimmt hätte, wenn sie sich alle erhoben, um nach vorn zu stürmen? Ich glaube es.

Und ich vermute, Hermlin wäre nicht gekränkt gewesen von diesem Bild, das sich mir manchmal aufdrängte, wenn ich über ihn nachdachte. Ich denke, er hat gewußt, daß es Fügungen gibt, die des freien Willens spotten. Die Gnade der späten Geburt, ein Wort nicht von Helmut Kohl, von ihm mißverstanden und mißbraucht als Text eines Ablaßzettels – die Gnade der späten Geburt Hermlins, verglichen mit der Jüngers hat ihn davon verschont, auch nur vorübergehend Krieg als eine Erlösung zu verstehen; samt allen geistig-barbarischen Folgen, die das unter Jüngers Schar gehabt hat. Es besagt viel über die besondere Bösartigkeit einer Epoche, wenn in ihr gleich mehrmals gilt, Generation um Generation, daß es eine Gnade ist, ohne eigenes Dazutun, nur vom Alter bedingt, vor bestimmte Entscheidungen nicht gestellt, an manche Orte nicht geführt worden zu sein. Es signalisiert, daß Barbarei zur Gewohnheit zu werden droht. Die Deutschen, deren äußerst mißverständliche Hymnen-

Strophe eins er womöglich vor Langemarck bis zum letzten Atemzug auf den Lippen gehabt hätte, haben mehrheitlich Hermlin aus zwei Gründen nicht zu sich zählen wollen. Der eine Grund war: Er war ein Jude; der zweite: Er wollte Kommunist sein. Da blieb ihm wenig erspart von den Deutschen. Der eine Grund, der rassistische, wird inzwischen als überwunden gefeiert; sozusagen millionenfach überwunden. Aber so gut ich mir vorstellen kann, daß Stephan Hermlin in Langemarck als Kriegsfreiwilliger für sein Land, wie er gemeint hätte, zu Tode gekommen wäre, so wenig glaube ich, daß der Rassismus tot ist in unserem Land.
Der zweite Grund für Hermlins Ausbürgerung als Deutscher durch die Mehrheit in Deutschland, der Grund, daß er Kommunist sein wollte – er hat bis an Hermlins Ende seine Wirkung gehabt. Ich habe immer verstanden, aus welchen Motiven Stephan Hermlin zu seiner politischen Überzeugung gelangt ist, ohne seine Schlußfolgerungen zu teilen. Als ich im Jahr 1980 als Vertreter des einen deutschen Nachkriegsstaates beim anderen an der Trauerfeier für Ernst Busch in der Ost-Berliner Akademie der Künste teilgenommen hatte, gab es aus der CDU-Fraktion im Bonner Bundestag eine parlamentarische Anfrage, was der Repräsentant der Bundesrepublik bei dem Gedenken an einen Kommunisten zu suchen gehabt habe. Da trat das Bedürfnis einer tonangebenden, groß- wie kleinbürgerlichen Mehrheit unter uns Deutschen unverstellt zutage: eine linksseitig amputierte Nation, eine verkrüppelte Identität. Damit man sie dabei nicht schneide, verstümmeln sich Sozialdemokraten manchmal selber.
Stephan Hermlin, wie ich ihn verstanden habe, hat derlei nicht angefochten in der Selbstverständlichkeit, mit der er von links her den nationalen Platz besetzt hat. Für mich, der ich um eine gnädige Spanne Zeit später als er geboren wurde, war die Entschlossenheit seines Bewußtseins, ein Deutscher, ein unbeirrt national gesinnter Internationalist zu sein, manchmal so fremd, wie die Generation der Väter

sein kann. Mir ist die Muttersprache bedeutungsvoller als das Vaterland; der Einheitsstaat kein Glück an sich, sondern nur ein Mittel für diese oder jene Zwecke. Aber wie war Stephan Hermlins Standpunkt in dieser Frage? Ich argwöhne, der Überzeugung nach darin einigermaßen von ihm entfernt, aber voller Zuneigung: Er war im Grunde ein linker Bismarckianer. Ein Gespräch zwischen Lassalle, Bismarck und dem spätgeborenen Hermlin – das wäre des Aufzeichnens wohl wert gewesen.

RUDOLF BAHRO

Rudolf Bahro starb im Alter von 62 Jahren am 5. Dezember 1997. Wegen seines in der BRD veröffentlichten, weil in der DDR verbotenen Buches »Die Alternative« wurde er 1978 verhaftet, aus der SED ausgeschlossen, 1979 in die BRD abgeschoben. Nach der Wende kehrte er nach Ostberlin, wo er seit 1990 als Professor an der Humboldt-Universität Vorlesungen hielt. Diese Daten seiner Biographie sind allgemein bekannt. Sein wohl engster Freund, der Philosoph Jochen Kirchhoff, fragte dennoch in seiner Grabrede auf dem Dorotheenstädtischen Friedhof in Berlin: Wer war und was war Rudolf Bahro?

Jochen Kirchhoff
Von vorgestern und von übermorgen

Rudolf Bahro hat am 5. Dezember seinen physischen Körper verlassen. Mit ihm verband mich eine langjährige und intensive Freundschaft, die niemals eine ernsthafte Trübung erfuhr und die aus einem gemeinsamen Wollen gespeist war. So scheint es folgerichtig und geschieht sicher auch in seinem Sinne, daß gerade ich an dieser Stelle spreche. Daß mir diese Aufgabe nicht leicht fällt, wird man unschwer nachvollziehen können. Ich will versuchen, etwas von dem zu umreißen, was für meine Wahrnehmung die Wesenssignatur dieses bedeutenden Menschen ausmachte. Viele mögen sich jetzt die Frage stellen, wer Rudolf Bahro »eigentlich« war, das heißt jenseits alles dessen, was in einer Öffentlichkeit bekannt ist, die ohnehin mit ganz anderen Dingen beschäftigt ist. Was er für jeden einzelnen der hier Anwesenden war oder ist, welche Impulse die eine oder andere Biographie durch sein Wirken erfahren haben mag, das wird jeder für sich selbst klären müssen.
Der 5. Dezember, der Todestag Rudolf Bahros, ist auch der Todestag Mozarts. Ob nun purer Zufall oder Synchronizität im Sinne von C. G. Jung, bedeutsam und »buchenswert«

bleibt es allemal. Rudolf Bahro war ohne Musik, genauer ohne das, was wir klassische Musik nennen, nicht denkbar. Und gerade Mozart hatte für ihn in den letzten Jahren zunehmend an Bedeutung gewonnen. Über eine lange Zeit hinweg war Beethoven eine Art Guru für ihn, bewundertes Vorbild und Meister in einem, gleichsam der Mensch schlechthin. In seinem wenig bekannten Beethoven-Essay von 1967/69 zeigte sich bereits der ganze Bahro. Und das Bild des Künstlers und des Menschen Beethoven, das hier mit leidenschaftlichen Pinselstrichen entworfen wurde, läßt sich ohne Mühe als ein »idealistisch gefärbtes« Selbstporträt deuten. Wie Beethoven war, so wollte Rudolf Bahro sein; mit Abstrichen gilt dies auch für Hölderlin, für Fichte, für Meister Eckhart oder Thomas Müntzer. In dem Essay beschreibt Rudolf Bahro den Weg Beethovens von dem heroischen Pathos, das in der Fünften kulminiert, zu der meditativen Heiterkeit und Gelassenheit der späten Streichquartette.

Über diesen Weg Beethovens, auch im Kontrast zu Mozart, haben wir uns oft unterhalten. Und in gewisser Weise hat Rudolf Bahro selbst diesen Weg nachvollzogen, diesen Weg vom kulturrevolutionären Pathos und der Leidenschaft des Überzeugen, ja Herrschenwollens zu einer taoistisch anmutenden Ruhe und Gelöstheit.

Man kann dies an den Fotos nachvollziehen, die wichtige Phase der letzten zwanzig Jahre festhalten. Der späte Bahro, gezeichnet von seiner Krankheit, hatte eine Eindringlichkeit des Blicks, die für mich etwas zutiefst Bewegendes hatte. Ich habe dies selten bei Menschen erlebt. Hier blickte jemand aus einer existentiellen Tiefe heraus, in der das Wissen um einen letzten Grund, um das, was Bahro die Große Ordnung genannt hat, genauso anwesend war wie das Wissen um die Tragik des Menschen, seine Irrtümer, sein Scheitern, sein Versagen. In diesem Blick war viel abgefallen, hatte sich viel aufgelöst, was in den Jahren zuvor an Willensdrang und vibrierender Energie des »Jetzt muß es

geschehen« zu spüren war. Sicher gab es da auch Züge der Resignation, aber das beschreibt nicht das Ganze.
Und sicher war auch schon im »mittleren Bahro« der »späte Bahro« enthalten, wenn man es so sagen will. Und keine Biographie, schon gar nicht eine so achtunggebietende wie diese, vollzieht sich ohne Brüche, ohne Widersprüche, ohne Einbußen und Beraubungen, ohne vielfältige »Ungleichzeitigkeiten«. Auch schon der Beethoven-Adept im Verborgenen, im Untergrund, der gläubige Kommunist in einer Partei, die er als Kirche verstand und deren Reformator er sein wollte, liebte Bach, liebte Haydn, liebte Schubert und eben Mozart. Das Schwertkämpferische der heroischen Phase Beethovens erschien ihm zunehmend fragwürdig, ja – umgesetzt auf der Handlungsebene – verhängnisvoll. Und zunehmend war ihm Mozart der Angekommene, der des drängenden Pathos nicht mehr bedurfte. Mozart und Laotse: diese beiden so weit auseinanderliegenden Persönlichkeiten, rückten für ihn zusammen. Mozart als der musikalische Verkünder und Gestalter des Tao, der Großen Ordnung, der kosmischen Intelligenz, von deren Wirken Rudolf Bahro zutiefst überzeugt war. Ohne diese Überzeugung wäre er niemals »angetreten«, und diese Überzeugung, jenseits herkömmlicher oder konventioneller Religiosität, aber auch jenseits eines Großteils dessen, was als Neue Spiritualität gilt, hat ihn niemals verlassen.
Laotse stand ihm näher als Buddha, obwohl er auch diesen verehrte. Und nicht zufällig sollte eine für das Wintersemester 1997/98 geplante Vorlesung den Titel tragen: »The Green Buddha«. Ging es ihm lange Zeit um die Zusammenführung von Grün und Rot, d.h. von Ökologiebewegung und einem richtig verstandenen Sozialismus (und niemand verkörperte wie er in den 80er Jahren dieses Bündnis), so ging es ihm in den 90er Jahren in zunehmendem Maße um die Zusammenführung von Grün und Orange (wenn Orange oder Gelborange, die Farbe des Buddhismus, hier für Meditation und Spiritualität steht). Natürlich gab es auch

hier zeitliche Überlagerungen. Wie wenige andere wußte Rudolf Bahro, daß alles ökologische Wirken und Wollen bloße Kosmetik, bloßer Aktionismus bleibt, wenn es nicht gelingt, den Menschen rückzubinden an seine Ursprungs- und Wesenskräfte. Das heißt eben auch: an seine Spiritualität.

Merkwürdig bleibt, daß er einem Manne wie Gandhi so reserviert gegenüberstand. Merkwürdig auch und vielleicht nicht ohne geheimen Sinn, daß der Bahro der letzten Jahre, der Bahro gleichsam der späten Streichquartette, Gandhi ähnlich sah, jedenfalls in seinen öffentlichen Auftritten und aus einer bestimmten Perspektive, wenn er vorne auf dem Podium des Audimax der Humboldt-Universität in einem Sessel saß, in leicht gekrümmter Körperhaltung, kahlköpfig und auf eine rätselhafte Weise heiter wirkend, gelöst wirkend, auch wenn es ihm gesundheitlich schlecht ging.

Was jetzt an Nachrufen zu lesen ist, ist häufig von Verlegenheit gekennzeichnet; es ist die Verlegenheit einer im Grunde postmodernen, ironisch gebrochenen Bewußtseinsverfassung, einer Bewußtseinsverfassung des permanenten »Als ob«, die nichts mehr eigentlich und direkt und verbindlich oder tief nimmt (mit Ausnahme des eigenen Egos, des eigenen Bankkontos, des eigenen Arbeitsplatzes).

In dieser postmodernen oder wie immer zu kennzeichnenden Formation wirkte Rudolf Bahro wie ein Fremdkörper und sicher für viele wie ein Fossil, das man halb erstaunt, halb belustigt betrachtet, um wieder achselzuckend zur Tagesordnung überzugehen. Daher das unermüdliche Wort vom DDR-Dissidenten (der war noch irgendwie einzuordnen oder, negativ gesagt, abzustempeln). Auch der Mitbegründer der Grünen war noch halbwegs verständlich. Danach, spätestens seit dem Aufenthalt bei dem indischen Guru Bhagwan Shree Rajneesh in Oregon, rückte die sogenannte Öffentlichkeit von Bahro ab. Den inneren Impuls, die eigentliche Motivation, das leidenschaftliche Mühen um individuelle und kulturelle Verwandlung verstanden nur die wenigsten. Seine Bewunderung Beethovens und Hölderlins galt im grün-alternativen Umfeld der 80er Jahre eher als Kuriosum. Wirklich heimisch geworden ist er im Westen nie, wie er mir sagte. Rainer Langhans, ein Weggefährte und Freund für eine gewisse Zeit, meinte einmal, Rudolf Bahro sitze »immer noch im Interzonenzug«.

Seine »Logik der Rettung«, die ich im Frühjahr 1988 las, beeindruckte mich zutiefst (viele Nachrufe erwähnen das Buch mit keiner Silbe), und wir lernten uns im Sommer jenes Jahres kennen. Es war eine Art von Erkennen oder Wiedererkennen, wie es eher selten geschieht zwischen Menschen. Ich hatte ihm damals und habe ihm später viel zu verdanken. Die Wende gab uns erstmalig die Möglichkeit, etwas gemeinsam zu bewegen oder zu gestalten. Als Rudolf Bahro nach Berlin und in die DDR zurückkehrte, tat er dies in dem Glauben, hier eine ökologische Wende initiieren zu können, eine grüne Perestroika. Die »gesamtdeutsche Autogesellschaft« (Bahro) kam schneller, als alle erwartet hatten, und alle grünen Perspektiven wurden zunehmend obsolet. Es blieb das Theoretische, das Konzeptionelle, es blieben die Vorlesungen an der Humboldt-Universität, es blieben die vielen Versuche, in kleinen Gruppen so etwas wie Verwandlung oder Transformation herbeizuführen, Ökologie und Spiritualität und das, was Bahro »Bewußtseinspolitik« nannte, zu verbinden.

Rudolf Bahro hat sich oft als ein »Produkt der DDR« bezeichnet; und sicher war eine Biographie wie die seine in dieser Form nur in der DDR denkbar. Andererseits liegen seine geistigen und seelischen Wurzeln tiefer. Die Deutschen, so sagte Nietzsche einmal, seien »von vorgestern und von übermorgen«, sie hätten kein Heute. Wenn dies stimmt, so war Rudolf Bahro ein paradigmatischer Deutscher. Mit einigem Recht nennt ihn der »Tagesspiegel« in seinem Nachruf einen »urdeutschen Rebellen«. Ohne Luther, Müntzer, Eckhart, Fichte, Hegel, Beethoven, Hölderlin wäre er nicht vorstellbar; er behandelte sie wie

Zeitgenossen. Geschichte überhaupt war ihm stets Gegenwart.

Wer war Rudolf Bahro, was war Rudolf Bahro? Ich habe darüber oft nachgedacht, und ich habe keine restlos befriedigende Antwort gefunden. Vielleicht war er ein mystisch orientierter Politiker oder ein politisch orientierter Mystiker, ein Mönch, den es danach drängte, Kulturrevolutionär zu sein (halb Luther, halb Müntzer), ein Reformator (als er mir, im Sommer 1988, seine »Alternative« überreichte, schrieb er hinein: »Für Jochen Kirchhoff, meine Utopie der Russischen Reformation«), der Reformator einer Kirche, die sich dann in Nichts auflöste. Vielleicht war er – und manchmal hatte ich diesen Verdacht – ein Musiker, dem es an Möglichkeiten fehlte, diese Befähigung auszuleben. Er war ein Denker, der im eigentlichen Sinne gar nicht denken, sondern wirken und handeln wollte. Wie viele (gerade deutsche) Denker verlangte es ihn nach der großen, befreienden Tat. Dann wieder war er ganz der spirituelle, der meditative Mensch. Wer die Gelegenheit hatte, gemeinsam mit ihm Musik zu hören, wird wissen, mit welcher Konzentration und versunkenen Innigkeit, wie meditativ er große Musik aufnahm.

Zugleich war er ein Mensch, der wie wenige andere über das Verhältnis von Liebe und Macht grübelte. Hier, meinte er, lägen die tiefsten Neurosen. Über seinen eigenen Machtwillen hat er oft, auch öffentlich, reflektiert. Der späte Bahro hatte die Strahlkraft eines Menschen, der nicht mehr siegen muß, der wirklich loslassen konnte.

Wie war sein Verhältnis zum Tod?

Er hatte große Sympathien für den Buddhismus und den Gedanken der Wiedergeburt, ohne daß er sich – und gar öffentlich – darauf festlegen lassen wollte. Nach dem Tod seiner Frau Beatrice sprachen wir lange, ausgehend vom Bardo Thödol, dem tibetischen Totenbuch, über den Weg der Seele oder des Bewußtseins nach dem physischen Tod, den Weg im Nach-Tod-Bardo (dem Zwischenzustand). In der

Todesfrage vertraute er der tibetisch-buddhistischen Weisheit.

Abschließend sei ihm selbst das Wort erteilt: »Nein, wir sind nicht gesinnt, im Vorläufigen uns einzurichten«, heißt es in einem Gedicht von 1967. Er ist diesem Motto über drei Jahrzehnte hinweg treu geblieben.

Und in seinem Beethoven-Essay schreibt er, ausgehend von dem Hölderlin-Wort »Einer aber, der ein Mensch ist, kann er nicht mehr denn Hunderte, die nur Teile sind des Menschen?«, die folgenden Sätze, die auf Beethoven gemünzt sind, die sich aber vielleicht auch ohne Gewalt auf Rudolf Bahro selbst anwenden lassen:

»Ohne diesen maßlosen Willensanspruch an die eigene Individualität würde der Lichtbogen nicht überspringen zu dem Zukunftsbild der verwirklichten Anlagen, der ›Harmonie der Geister‹.«

Und dem fügt er die mahnend wirkenden Worte hinzu:

»So steht es unserem fragwürdigen Besserwissen nicht zu, Abstriche an der utopischen Spannkraft dieser Subjektivität zu machen.«

Rudolf Bahro ist tot. Lang lebe Rudolf Bahro.

RALF KIRSTEN

Mit dem jungen Manfred Krug in den Hauptrollen der DEFA-Filme »Auf der Sonnenseite« und »Mir nach Canaillen« erregte der Regisseur Ralf Kirsten Anfang der sechziger Jahre in gut besuchten Kinos und bei der Filmkritik beträchtliches Aufsehen. Zu Beginn der Trauerfeier für den mit 67 Jahren am 23. Januar 1998 Verstorbenen erklang Musik aus seinem letzten Film »Käthe Kollwitz – Bilder eines Lebens«. Dieses Klang-Bild aufnehmend begann der langjährige Chefdramaturg des DEFA-Spielfilmstudios seine Grabrede.

Prof. Dr. Rudi Jürschik
SEHEND UND ÜBERSEHEND, SUCHEND ...

Nehmen wir diesen Abschied als einen Moment des Besinnens, der Vergewisserung an, so empfinden wir, daß er, der nicht mehr unter uns ist, uns bereichert.
Was hier von seinem Werk zu vergegenwärtigen war – das Klang-Bild der letzten Meter seines letzten Films – führt es uns nicht zu ihm selbst? Da doch viel von seiner so langjährigen moralisch-geistigen Anverwandlung zu ihr aufschien in »Käthe Kollwitz – Bilder eines Lebens«. Was für eine Herausforderung durch die freie Wahl des Gegenstandes – welch Maß auferlegte Ralf damit sich selbst!
Daß er beides – die Sache und das Selbst – nicht voneinander trennen konnte und wollte, das machte nicht nur im künstlerischen Schaffen, sondern in allem sein Leben aus.
»Sei das Leben lang oder kurz – worauf es ankommt, ist, daß man *seine* Fahne hochhält und *seinen* Kampf führt. Denn ohne Kampf ist kein Leben«, schrieb die Kollwitz in einem ihrer letzten Briefe.
Wenn Ralf von sich und seiner Arbeit auch nie ein Aufhebens machte – zurückhaltend, bescheiden, leise wie er war –, so legt uns besinnende Rückschau doch nahe, gerade für ihn an diese schlichte Wahrheit zu erinnern.

Wenn sie für die Hinterbliebenen in ihrer Trauer auch kein Trost sein kann, so soll sie doch ausgesprochen sein, um ihnen zu bezeugen: Ralf Kirsten hat vor dieser Wahrheit bestanden. Und das wird auch von vielen gewußt. Schwere Stunden seines Lebens fielen auf den Tag, als er nach mehr als dreißig Jahren, in denen er 17 Spielfilme und einige andere gemacht hatte, 1990 das DEFA-Spielfilmstudio verließ. Mit dem »Laufzettel« in der Hand, was die sehr veränderten Umstände diktierten, die ein Bruch in der Geschichte mit sich brachte, der wohl eintreten mußte, weil ihre Akteure, wir selbst, zu den notwendigen Veränderungen ihrer Struktur nicht fähig waren.

Ralf hat an diesem Tag gesagt: »Ich werde dieses Studio nicht mehr betreten.« Eine Position und eine Voraussicht auch.

Da war Ralf gerade 60 – im künstlerischen Schaffen Zeit für eine Zusammenschau, die, ohne das Zurückliegende zu negieren, das Bewahrenswerte fortzuführen, gehabt hätte. Solche Arbeit los zu sein – das hat er schmerzlicher noch für die Generation seiner Kollegen empfunden, die nach ihm kam.

Sich selbst mit künstlerischer Arbeit »nicht mehr einpassen zu müssen« – damit hat er sein Alter sogar als einen »Glücksumstand« annehmen können. Der Gedanke, so wie er ihn formulierte, enthält zugleich einen Hinweis, den keine ernstzunehmende Rückschau außer acht lassen kann.

Ralf hat in den letzten Jahren – vorerst nur für sich – geschrieben. Vielschichtig motiviert: wissend, daß die ausschließliche Sicht auf Geschichte, Biographie und Werk von heute, von einem »Danach« vereinfacht und instrumentalisiert wird; vor allem aber, um sich der Gefühle zu erinnern, die das eigene Tun begleiteten und eigene Standpunkte aus dem Eingebundensein in eine Zeit und in ein Geschichte mitgestaltendes Wollen zu prüfen; schließlich, um die zwiespältige Wirkung von Kompromissen aufzudecken, die man mit der Politik eingegangen ist, aber auch mit sich selbst, gegen sich gemacht hat. Ein Befragen, so aufrichtig, wie er den Aufbruch in eine »neue Zeit« gelebt hat.

Er war nicht neunzehn, gerade erst fünfzehn im Mai 45, jenes vorangegangenen Bruchs in der deutschen Geschichte, der bleibend nur als Befreiung gefaßt werden kann. In solcher Zeit wiegt auch ein kleiner Altersunterschied schwer; der Jahrgang war eine kleinere oder größere Chance zu überleben; und sei dies – ein Gleichnis – gar »erzwungen«.

Wenn Ralf von den Jahren vor Beginn seines Studiums der Germanistik und Theaterwissenschaft in Berlin 1950 sprach, war vom Glück die Rede, Eltern einer humanistischen, antifaschistischen Gesinnung gehabt zu haben; von einer merkwürdig herausfordernden, anregenden, weil streitbaren intellektuellen Situation in Leipzig; von der Lust, nach dem Abitur etwas »Richtiges« zu lernen, zu arbeiten! Als Elektriker, als Lehrlinge waren sie dabei, »haben Leipzig umgerüstet von Gleich- auf Wechselstrom«, da traf er auf unterschiedlichste Milieus und Leute. Solche Kenntnis aus Erfahrung wird Spuren hinterlassen in seinen Filmen. Und vom Theater, von den Büchern dieser Jahre ist die Rede, von der Lust zu lesen, vom »Mehr-wissen-wollen, als verlangt wurde«.

Theaterwissenschaft, da mußte man am neuen Institut in Weimar sein, der Klassik so nah, doch alten Bildungsformen hinreichend entrückt, auf Neues aus. Dazu gehörte – zeit-typisch – daß er sich an der FAMU in Prag wiederfand, mit anderen, »zum Studium der Filmregie delegiert« – fünf Jahre, bis 1957.

Von da an ist sein Leben mit der Geschichte der DEFA verwoben. Prägend war für Ralf die Assistenz bei Dudow; eigene Meinung war gefordert. 1960 wird er schon seinen dritten Film vorlegen – »Steinzeitballade«, die er als sein »erstes Angebot« wertet. Der Beginn einer ganz persönlichen »überpersönlichen« Biographie! »Aufbruchgene-

ration« wird es später heißen, zu deren Idealen, Selbstverständnis und Handeln seit 1989 besonders erbittert gestritten wird. Zurecht, wenn der Streit der Meinungen auf dem Niveau eines konsequenten Historismus geführt wird. Wird er's? Werden die zutiefst moralischen Antriebe, Antifaschismus als Haltung, bei der Entstehung sozialistischer Ideen in dieser Generation verstanden?
Sie seien hier benannt, weil es Fragen waren, die Ralf betrafen und bewegten.
Da war und ist die Wiederbegegnung mit den Filmen, worin sich Zeit- und Lebensgefühl dieser Generation unmittelbar spiegelt: »Auf der Sonnenseite«, »Beschreibung eines Sommers«, »Netzwerk«, »Eine Pyramide für mich« – für ihn und andere eine Vergewisserung: vom Gewissen und von neuem Wissen geprüfte Sicht. Klar und eingetrübt, sehend und übersehend, suchend!
Wo die künstlerische Erkundung von Welt und Selbst in der Zeit selbst zum Gegenstand einer künstlerisch-praktischen Arbeit wird, wie in Ralfs Film »Der verlorene Engel«, da reflektiert er im Bilden des Künstlers Barlach in dessen »schlimmen Jahr« die mannigfaltig-einheitliche Dimension des Künstlerisch-Schöpferischen und des Erfahrens von Wirklichkeit in einem. Worin aufgehoben ist, daß wir von weit her kommen und weit vorausschauen, wenn wir jetzt den Menschen verteidigen. Und mit eben diesem Film macht Ralf die wohl bitterste Erfahrung in seinem Leben. Konfrontiert mit einer unvorstellbar kurzsichtigen Kulturpolitik durchlebt der Filmemacher sein »schlimmes Jahr«. Was da infolge des 11. Plenums des ZK der SED 1965 geschah, ist, so wie es einschnitt in Biographien, in die Kunstentwicklung der DDR treffend als »Kahlschlag« bezeichnet worden. Zugleich wende ich mich, auch in der Erinnerung an Ralf und seine Filme, gegen diesen Begriff, weil er zu pauschal das, was danach entstand, entwerten kann. Von ihm zum Beispiel »Eine Pyramide für mich« und »Ich zwing dich zu leben«, Filme, zwischen denen Ge-

schichte und Gegenwart, Gewordensein, Sein und Werden nachdrücklich korrespondieren. Der da vom Vater gegen seine falschen Ideale zum Leben gezwungene Sohn, das könnte doch der sein, der da in anderem Enthusiasmus sich eine Pyramide setzt und erst Jahre später – zu spät? – den »Preis« dafür in Lebensverläufen anderer und des eigenen erfährt.
Und ist zwischen den Filmen zu Barlach und der Kollwitz sein Film »Ich zwing dich zu leben« nicht eine erhellende Variante zu dem Goetheschen Wort aus dem Lehrbrief »Saatfrüchte sollen nicht vermahlen werden«, das sich verbreitete, als es Käthe Kollwitz 1914 gegen die Kriegsbegeisterung von R. Dehmel anrief, und worauf sie 1941 noch einmal zurückkommt, damit es kein Wunsch bleibe, sondern Gebot werde: zu leben zu zwingen!
Sich an Ralfs Filme erinnernd, lesend, was er gesagt hat – überraschend viel, so still, wie er mir schien –, muß einem dergleichen durch den Kopf gehen. Es fällt auf: wie drängend er immer wieder über Geschichte und die wiederholten Gefährdungen in ihrem Verlauf durch Schweigen, über Demokratie und die notwendige Brücke zwischen den Generationen gesprochen hat; wie ernst es ihm um die Unterhaltung im Kino war; wie er stets seine Filme im Spektrum derer seiner Kollegen sah, die er schätzte; wie er stets die schöpferische Arbeit des Teams um ihn würdigt und vor allem, wie sehr er die Schauspieler liebte.
Davon ist nichts zu relativieren! Doch die Frage an sehr viele von uns gilt auch für ihn: Waren wir nicht zu lange zu still? Warum haben wir unseren zentralen Konflikt, den Konflikt dessen, der seiner Ideale wegen stabilisieren möchte, ohne dabei zum Bestätigungsintellektuellen zu werden, nicht offen ausgetragen?
Da schließt sich der Bogen zu dem, was Ralf die letzten Jahre sehr beschäftigt hat, doch nicht mehr einzubringen war in ein Klima, das sehr schnell nicht mehr vom Geist bestimmt war, der sich mit jener Demonstration am 4. November 89

– gemeinsam mit Usch war er dabei – zu entfalten schien. Wir wollen nicht verschweigen, daß in zurückliegenden Jahren Krankheit Ralf Kraft raubte, die ihm manchmal fehlte, um dem Werk die letzte Geschlossenheit zu geben. Frei vom Streß hatte sich seine Gesundheit stabilisiert; da war Zeit für die Enkelkinder – die Freude daran bedeutete ihm viel –, Zeit für alte und neue Freundschaften, Zeit zu genießen, daß man bei seinem Bruder der Geborgenheit einer Großfamilie inne wurde, sein Anwesen in Altruppin wirklich nutzen konnte. Leben in glücklicher Zweisamkeit!
Dann so unfaßbar jäh diese Tage im Januar.
Den Tod als Teil des Lebens zu begreifen – das mag gehen, solange wir bloß reflektieren. Doch es hilft Betroffenen nicht, wenn er sie vom Anderen, Nächsten, vom Liebsten trennt. Für immer.
Da ist es gut, darauf verweisen zu können, daß der Künstler so ungleich anders als andere weiterwirkt in seinem Werk; in seinem ganzen Selbst.
Wenn man sich im Herbst dieses Jahres in Güstrow trifft, um des 60. Jahrestages von Barlachs Tod zu gedenken – Ralf hatte sich über die Einladung der Stiftung sehr gefreut – da wird er nur noch in seinem »Verlorenen Engel« dabei sein. Doch er wird dabei sein. Gleichsam einem aus Barlachs »Fries der Lauschenden«, dessen Nähe Ralf so mochte.
Wenn seine Filme laufen, und wir das unsere tun, daß sie gesehen werden, da wird ein Erinnern sein, das letztlich über diese schwere Stunde jetzt hinausweist.
Zu solcher Stunde des Abschieds noch einmal Käthe Kollwitz: »Wenn nur nicht das Loslösen von den paar lieben Menschen hier wäre.«

ULRICH SCHAMONI

Eine Zeitung nannte ihn »Medienmogul« als er den Fernsehsender 1A Brandenburg ins Leben rief. Zuvor nämlich war er Gründervater des Rundfunksenders Hundertfünfkommasechs. Und davor war er als Filmregisseur ein Protagonist der Neuen Deutschen Welle. Als Ulrich Schamoni am 9. März 1998 starb, war er 58 Jahre alt. Ein Redner aus dem deutschen Westen, Direktor der Landesanstalt für Rundfunk Nordrhein-Westfalen, Dr. Norbert Schneider, und ein Schriftsteller aus dem deutschen Osten, Wolfgang Kohlhaase, sprachen am 13. März 1998 auf dem Waldfriedhof Berlin-Zehlendorf.

Norbert Schneider
ER HATTE IMMER ETWAS VOR

Liebe Erika Grimme, liebe Familie Schamoni, liebe Freunde von Ulrich Schamoni,
wir alle, mit ihm im Leben auf die verschiedenste Weise verbunden, sind heute morgen zusammengekommen, um Abschied von ihm zu nehmen.
Wenn ich an ihn denke und wenn ich diesen Sarg sehe, dann frage ich mich unwillkürlich: was hat er, ausgerechnet er, mit dem Tod zu schaffen? Ulrich Schamoni war und ist einer, der das Lebens sichtbar geliebt hat, der auf eine seltene Weise *gerne* gelebt hat, der das Leben, solange es ging, angezogen und in Besitz genommen hat. In seiner Umgebung gab es keinen Gedanken an Leblosigkeit, Stillstand, Totes, an den Tod. *Er hatte immer etwas vor.* Meistens mit anderen, mit uns allen, die wir heute hier sind.
Ich will mir diesen Toten tot nicht vorstellen. Aber es ist mit Vorstellen ein Ende. Eine tückische Krankheit hat sein Leben und seinen Lebenswillen schließlich umgebracht. Eine Weile sah es so aus, als siege noch einmal die Kraft dieses Lebens über die Krankheit. Doch es gab hier kein Wunder. Und dennoch können wir von ihm sagen, was wir

nicht von vielen sagen können: *er hat gelebt.* Er hat *mit* seinem Leben und *aus* seinem Leben etwas gemacht.
Auch manchen von uns.
Buch des Prediger, drittes Kapitel, in Martin Luthers Übersetzung:
Ein jegliches hat seine Zeit und alles Vornehmen unter dem Himmel hat seine Stunde.
Geboren werden und sterben, pflanzen und ausjäten,
würgen und heilen, brechen und bauen,
weinen und lachen, klagen und tanzen,
Steine zerstreuen und Steine sammeln ...
suchen und verlieren, behalten und wegwerfen,
zerreißen und zunähen, schweigen und reden,
lieben und hassen, Streit und Friede hat seine Zeit ...
Im Jahr 1939 geboren in Berlin, wo sonst, möchte man hinzufügen, aber aufgewachsen in Werl und Münster. Dann München, Schauspielunterricht, 1962 ein erster Roman, *Dein Sohn läßt grüßen,* von 1959 an Regieassistent, bei Nolte vor allem, in dem er seinen großen Lehrmeister sieht. *Es* ist der erste große Film, 1965, einer der ersten der Neuen Deutschen Welle, auf schöne und genaue Weise von Volker Schlöndorff in der Süddeutschen Zeitung gestern in Erinnerung gebracht. Fünf weitere Filme folgen, darunter *Alle Jahre wieder* und *Wir zwei und Eins.* Es gibt einen Bundesfilmpreis und – schwer vorstellbar heute noch – einen Silbernen Bären, für einen *deutschen* Film. Michael Lentz kommt dazu, der große Freund, der sagt: keiner konnte improvisieren wie er! Aus nichts etwas machen.
Fernsehen kommt zum Film. Zu Ulrich Schamoni kommt Wolfgang Menge – oder war es umgekehrt? Mit Menge schärft er seinen Sinn fürs »beiläufig Symptomatische, für verborgenen Witz«, wie Egon Netenjacob, der genaue Chronist, festhält. Sie machen zusammen *Was wären wir ohne uns,* 1979, für einen Sender, den es seit ein paar Tagen nicht mehr gibt, den Südfunk, dann 1980 in Koproduktion mit dem WDR *Das Traumhaus,* viel später, 1984 erst, *So*

lebten sie alle Tage, wieder mit dem WDR von damals, der zu Menge und Schamoni am besten paßte. Und zu einem Ulrich Schamoni, der den Kölner Karneval entdeckt, die Roten Funken ...
Schon Ende der siebziger Jahre trifft man Ulrich Schamoni, wenn und wo es um das geht, was man einmal die Neuen Medien nannte. Das fasziniert ihn und hat ihn mit seinem weltweiten Netz bis zuletzt fasziniert. Er gründet eine Firma zusammen mit Regina Ziegler, »Bärenfilm«, die z.B. Chapeau Claque produziert, viel später den Bundesfilmpreis erhielt, den, den er einst selbst bekam.
Als das duale System »ausbricht«, Anfang der 80er Jahre, kommt, überraschend für einen, der Film und Fernsehen schon hat und kennt, der Hörfunk, der kommerzielle, Hundertkommasechs, und schließlich, der Kreis schließt sich, neuerdings das Fernsehen, jetzt das eigene, IA Brandenburg, zu schwer am Ende auch für einen, der in einem einzigen Leben mehr in Gang setzt, als man für möglich halten möchte, mehr Kontakte knüpft, mehr Freundschaften pflegt als einer, so meint man, austragen, aushalten kann. Viele davon aus einem Teil Berlins in den andern, ohne das bedeutungsvolle Tremolo, ohne Effekt und Performance.
Und wenn er gerade nichts Neues geplant hat, hat er, für die Branche, von der wir hier reden und die sich hier versammelt hat, unglaublich uneitel, gesessen, gereizt und geredet, gegessen, getrunken, gespielt, dabei das Leben und die Menschen geliebt. Nicht alle. Stur war er schon und darin ungerecht wie wir alle. Aber viele hat er geliebt, erstaunlich viele. Und die meisten haben es ihm zurückgegeben. Bis in diese Tage. Bis in diese Kränze.
Paulus an die Korinther:
Wenn ich mit Menschen- und Engelszungen redete und hätte der Liebe nicht, so wäre ich ein tönend Erz oder eine klingende Schelle.
Und wenn ich weissagen könnte und wüßte alle Geheimnisse und

alle Erkenntnisse und hätte allen Glauben, also daß ich Berge versetzte und hätte der Liebe nicht, so wäre mirs nichts nütze.
Ulrich Schamoni war ein großer Kommunikator. Für ein Berlin, das sich mit dem normalen Gang immer schwer tat, in dem man sich gerne bedeutsam spreizte, ist er zu einem ungespreizten, gelegentlich freilich hartnäckigen Ideengeber und Anreger geworden, zu einem Berater, einem Politiker ohne Partei, ohne die Spuren des grau Eminenten. Eminent war er jederzeit. Grau war nichts an ihm. Roman Herzog, den Bundespräsidenten, hätte er gerne noch kennengelernt. Es ist dazu nicht mehr gekommen. Nun schreibt der Präsident zu seinem Tod: »Das kulturelle Leben Deutschlands und Berlins hat ihm viel zu verdanken.« Wir alle danken ihm am Ende und nehmen Abschied: die Angeregten, die Beratenen. Wir tun es betroffen, traurig, manche von uns ohne Adresse für ihre Gefühle.
Die Liebe ist langmütig und freundlich, die Liebe eifert nicht, die Liebe treibt nicht Mutwillen,
sie blähet sich nicht,
sie stellt sich nicht ungebärdig, sie suchet nicht das Ihre, sie läßt sich nicht erbittern, sie rechnet das Böse nicht zu,
sie verträgt alles, sie glaubt alles, sie hofft alles, sie duldet alles.
Abschied nehmen von einem Toten heißt: jetzt unmittelbar anfangen mit dem Erinnern. Wo immer er sonst noch weiter und neu leben wird, er wird von jetzt an für uns nur noch leben in unserer Erinnerung. Eine alte Redewendung sagt: ihm ein Gedächtnis bewahren. Ein Gedächtnis bewahren heißt: ihn im Zusammenhang mit diesen fast sechzig Jahren Deutschland nach dem Krieg sehen, der Kultur, den Künsten, der Politik, den Medien, dem Schöpferischen und den Trägheiten, den Gebirgen und den Ebenen – ihn in diesem Zusammenhang behalten als einen, der gerne das Spiel noch einmal spielen würde, noch ein Spiel *mit uns* spielen würde, wenn es nur ginge. Nichts geht mehr – außer Trauer und Erinnerung.

Darin liegt dann auch der einzige Trost für einen Verlust, für einen leeren Platz, den niemand und nichts mehr füllen wird.
Er hatte immer etwas vor. In der Zeit, zuletzt, in der ihn Erika Grimme behütet hat, als er schwächer und schwächer wurde, hat er drüben, in Babelsberg, seinen letzten Geburtstag mit offenem Visier gefeiert, gezeichnet und wissend, inmitten seiner Freunde. Das muß man sich trauen. Er hat es sich getraut.
Ich stelle ihn mir noch einmal vor. Ich treffe ihn von anderen umringt, im Gespräch. Er sagt etwas mit listigem, abwartendem Lächeln, sagt etwas, was aus dem Rahmen fällt und er sagt es so, daß man merkt: jetzt weiß er, daß sein Gegenüber denkt, er sei verrückt, aber es *so* denkt, daß das doch eigentlich gar nicht sein kann. Da wird das Lächeln fast verschwörerisch. Abschließend. Er weiß: Jetzt hat er ihn am Haken des Gedankens. *Jetzt hat er etwas vor.* So hat er es geliebt. So hat er gelebt. Er hatte immer etwas vor.
Buch des Prediger
Darum merke ich, daß nichts Besseres darin ist denn fröhlich sein und sich gütlich tun in seinem Leben.
Denn ein jeglicher Mensch, der da ißt und trinkt und hat guten Mut in aller seiner Arbeit – das ist eine Gabe Gottes.

Wolfgang Kohlhaase
Hier wird kein letztes Wort gesprochen, Ulli

Ulli ist tot. Was es nicht mehr geben wird, ist die verläßliche Freude, mit der er die Tür öffnete, wenn man zu ihm kam.
Was gibt es denn Neues, pflegte er zu fragen.
Von Persönlichem abgesehen, meinte er die Dinge, die nicht in der Zeitung stehen. Aus seiner Stadt wußte er, wie die Welt regiert wird. Zu seinen Talenten gehörte es, Leute von

so verschiedener Art zu kennen, daß sie sich nicht getroffen hätten, wenn nicht in seinem Garten.

Er saß gern in seinem Haus, meist auf demselben Sofa, zwischen Wänden mit Gemälden jeden Stils und jeder Größe, umstellt von Elektronik und von alten Apparaten, die er mitbrachte, wo immer er war.

Er saß auf den Zeitungen einer Woche, und das Telefon hörte nicht auf zu klingeln.

Unvermutet aber kam er aus Hongkong zurück, aus Lanzarote oder aus Tiflis, oft war er rasch entschlossen mit jemand mitgefahren. Er war ein Freund mit großen Reichweiten.

So war er auch nach Leipzig gekommen, zur Dokumentarfilmwoche, in den von hier aus gesehen damals etwas entfernten Osten. Er hatte Michael Lentz begleitet. Sie sahen sich Filme an und übten die Geselligkeit. So haben wir uns kennengelernt.

Er wohnte hier, ich dort, in der anderen Hälfte Berlins, bis kürzlich vor acht Jahren haben wir uns nur gelegentlich gesehen. Wie konnten wir so lange befreundet sein?

Vielleicht, weil wir uns Geschichten erzählten, von hier und von dort, ohne daß wir gegeneinander recht haben wollten. Eher haben wir versucht, die ernste Welt ein bißchen komisch zu finden. Die Konfrontation der Systeme war um uns und sie war auch in uns, aber mit Ulrich Schamoni war es leicht, ein Gefühl zu gewinnen, daß das größere System Leben heißt, in das jeder auf seine Weise verwickelt ist und nicht öfter als einmal.

Er war ein sinnlicher und spielerischer Mensch. Die Projekte, die er betrieb, bekamen seine Gestalt und sein Gesicht, er war begabt mit Bemerkbarkeit.

Doch was es ihn auch kostete, und wie es seine Tage und Nächte fraß, wenn etwas nicht gelang, die Unternehmungen, denen er zur Existenz verhalf, blieben immer auch ein Spielzeug in seinen Händen, mit dem er staunend umging. Weder Erfolg noch Mißerfolg haben ihn altern lassen.

Wenn es stiller um ihn war, ging seine Phantasie verwunderliche Wege. Video oder Polaroid oder der Computer wurden ihm zu wechselnden Leidenschaften. Er erprobte die Geräte als Instrumente der Poesie und stellte schöne Dinge her, die es so noch nicht gab: Collagen, Geschichten aus Bildern, die zwischen Malerei und Fotografie schwebten, alte Märchen, von ihm anders erzählt. Er war bewandert in den einträglichen wie in den brotlosen Künsten. So hat er auch die Panda-Bären im Zoo rund um die Uhr gefilmt, damit man verfolgen kann, was sie nachmittags um viertel Vier machen oder nachts um Drei. Natürlich befürchtete er, daß sich zu wenige Augen dieser schönen Möglichkeit zuwenden würden, doch im Kleinen wie im Großen war es ihm ein Vergnügen, eine Sache zu tun, die niemand erwartete, eine Tür aufzustoßen, ein Stück über den Weg hinaus zu gehen.

Zuletzt hat er mit der Kamera seine Tage beschrieben, die vergingen. Als er wußte, daß er auch in einem letzten schlimmen Spiel der Erste sein würde, als er wußte, daß wir es wußten, hat er davon abgesehen, das Thema zu behandeln.

Er zeigte viel Mut und große Würde, und er meinte es gut mit den Menschen, denen er sich nahe fühlte.

Und mit solchen, die er geliebt hat: Erika, Ulrike, die bei ihm waren am Ende.

Auch das gehört dazu: Er war Kartenspieler und Bildersammler und Bewahrer von Merkwürdigkeiten jeder Art und ein Kenner von Grappa und Zigarren.

Wir hatten ihn gern. Viele haben ihn gern gehabt. Hier wird kein letztes Wort gesprochen, Ulli. Es wird noch geredet werden von dir.

GERHARD SCHEUMANN

Jeder Fernsehzuschauer in der DDR kannte in den sechziger Jahren Gesicht und Stimme des Mitbegründers und ersten Moderators des kritischen Magazins PRISMA. Später, als Filmdokumentarist, kannte und nannte man seinen Namen in vielen Ländern der Welt. Professor Gerhard Scheumann starb am 30. Mai 1998 im Alter von 67 Jahren. Als er am 13. Juni in Senzig bei Berlin begraben wurde, sprach der Filmpublizist und -autor Klaus Wischnewski.

Klaus Wischnewski
Ein deutsches Leben im 20. Jahrhundert

Liebe Heide, die vergangenen Tage waren wie unwirklich – diese Stunde ist es auch.
Wir müssen Abschied nehmen von Deinem Gerhard.
Sein so schnelles Weggehen hat uns zusammengerufen. Der Lebende hätte nicht gerufen, Aufhebens um sein persönliches Wohl und Wehe haßte er. Er hat ja vielleicht auch Signale der Krankheit, die ihn jetzt so jäh gefällt hat, länger mit sich allein abgemacht, als man ahnen konnte; zu lange, mag sein. Aber kann nicht auch sein, daß er da letztlich über Umstände und Würde seines Ausganges ein wenig mitbestimmt hat? Denn das war sein erster Kommentar, als er den Befund mitteilte: *Die Matratzengruft werde ich nicht mitmachen, da wird es andere Lösungen geben.* Es war wie oft vorher: Kämpfen ja, wenn Sinn ist und Chance; aber nicht kriechen.
Wir müssen respektieren, was geschehen ist. Ja, aber wie soll man akzeptieren, daß man nicht mehr hingehen kann, nicht mehr in seine klaren, aufmerksamen Augen sehen, über Welt, Geschichte, Natur und Politik reden, eine Flasche ordentlichen Weins trinken und über den Gang der Dinge in diesem modernen und so merkwürdig uralten Deutschland nachdenken kann, oft lächelnd, aber zunehmend bitter.

Jeder, der hierher gekommen ist, hat sein Bild und seine Erinnerungen an Gerhard Scheumann, den blonden großen Jungen, den jungen Reporter, den »S« als Partner von »H« im Studio »H&S«, an den Mann, der in der Akademie der Künste der DDR sich als Partner Konrad Wolfs verstand. Überhaupt an den großen, charmanten Mann mit der schönen tragenden Stimme. Aber wenn wir die Teile der vielen persönlichen Bilder zusammenfügen könnten, würden wir die vielen Übereinstimmungen entdecken.

Ich wende mich an seine Kinder Katharina und Alexander, an Esther und Matti, die Ziehkinder, denen er Vater und Freund wurde, was nicht alltäglich und selbstverständlich ist, an die Schwester Brigitte und den Bruder Günther, an alle Familienangehörigen, ich wende mich an seine Freunde, Mitarbeiter und, im ganzen weiten Sinn des Wortes, seine Weg-Genossen.

Gerhard Scheumann, ein deutsches Leben im 20. Jahrhundert, zwischen 1930 und 1998, ein normales und ein sehr besonderes.

Als er 1930 geboren wird, ist er ein hoffnungsvolles Kind einer Beamtenfamilie in einer Republik mit bereits 4,6 Millionen Arbeitslosen. Wenige Jahre später ist er ein deutscher Junge im Großdeutschen Reich und wird Napola-Schüler, Vorbereitung künftiger Eliten für künftige Herrschaftsräume.

Gerhard ist Ostpreuße. Das hat Gewicht. Ich habe oft zu ihm gesagt, ich bin bloß aus Pommern, aber Du bist aus Ostpreußen, laß uns hinfahren – es ist an seiner Verweigerung gescheitert. Sein Schutzmechanismus war zu dicht. Ortelsburg – Geburts- und Kindheitsort. In einem Auto-Reiseführer aus dem großdeutschen Jahr 1938 lese ich:

Stadt seit 1616, 15.000 Einwohner, 149 m. Die Jägerstadt in Galinden, 25 km von der Grenze entfernt; Ordensburg 1350 von Ortulf von Trier; von den Russen in der Schlacht bei Tannenberg fast völlig zerstört; Heldenfriedhöfe, Schützenhaus, Sängerhalle; herrliche wald- und seenreiche Lage, Durch-

gangsstation vom Tannenbergdenkmal zu den großen masurischen Seen.

Dies ist das Gelände zweier großer europäischer Schlachten: 1410 schlugen Polen und Litauer den Deutschen Orden. 1914 schlug Hindenburg die Russen. Ein folgenschwerer Mythos. Das liebt der deutsche Geschichtsunterricht: blutgetränkter Boden. Hier singen Pimpfe gern *In den Ostwind hebt die Fahnen.*

Aber dieses Land erweckt auch ganz andere Blicke und Gefühle, wie Marion Gräfin Dönhoff beschreibt: *... und dann liegt vor uns, in allen Farben leuchtend, der riesige Komplex der südostpreußischen Forsten, in den wir jetzt eintauchen werden. Links ein blauer See, gesäumt von Fichten, rechts ein paar Kartoffelfeuer, deren Rauchsäule steil zum Himmel ansteigt, wie ein Gott wohlgefälliges Opfer, und davor eine Birke in der letzten Vollkommenheit ihrer herbstlichen Schönheit. Solche Bilder: das Fallen der Blätter, die blaue Ferne, der Glanz der herbstlichen Sonne über den abgeernteten Feldern, das ist vielleicht das eigentliche Leben. Solche Bilder schaffen mehr Wirklichkeit als alles Tun und Handeln – nicht das Geschehen, das Geschaute formt und verwandelt uns.*

Ich war immer sicher, daß der junge Napola-Schüler dieses Sehen und Fühlen aus Ostpreußen mitgenommen hat. Die Flucht seiner Eltern endet in Nordhausen. Im Juni erst wird das Gebiet sowjetisch besetzt. Zunächst kommen die Amerikaner, erst mit Bombern, dann mit Panzern, Jeeps und Studebakers. Ich denke, daß sie auch in Nordhausen, wie in Schwerin und Weimar, die Deutschen, Einheimische und Flüchtlinge, hinbefohlen haben, den toten KZ-Opfern und Zwangsarbeitern von DORA Achtung zu erweisen oder sie wenigstens zur Kenntnis zu nehmen. Für den, der Mensch sein wollte, also wissen, fragen, verantwortlich sein, nicht bloß Deutscher, also mal Herrenmensch, mal Opfer, war das eine herausfordernde Schocktherapie. Gerhard Scheumann gehört zu denen, die fragen, sich und die anderen, nachforschen, ehe sie urteilen, verurteilen, weil, er will teilnehmen. Das will der Schüler, er findet den Lehrer, der ihm hilft, den deutschen Gang der Dinge auf dieses 1945 und seine Folgen hin zu begreifen, auch den Verlust jener einmaligen östlichen Heimat. Der Fünfzehn-Sechzehnjährige vollzieht einen Bruch. »Ich bin abtrünnig geworden«, sagt er später. Es ist dieser Bruch, den die meisten Älteren nicht vollziehen, der Risse und Konflikte zwischen den Generationen und in Familien heraufbeschwört, der vielen Lebensrichtung und Ziel gibt, Hoffnungen und Energien freisetzt. Die Motivationen und Haltungen, die Moral und das kritische Denken, die aus diesem wirklichen Nachdenken über Deutschland damals zwischen 1945 und 49 entstehen, gehören zum besten Kapital, mit dem die junge DDR arbeiten kann – ihre Oberen werden es leider oft genug verkennen und verschleudern. Wer Gerhards Leben, sein Denken und Wirkenwollen in dieser Welt, seinen – ja, mit Recht – selbstbewußten und doch immer leisen Umgang mit Erfolg, sein entschiedenes Engagement im scheinbar Kleinen – ich erinnere an das Sujet *Turnen Fünf* in seiner berühmten Fernsehreihe PRISMA – und auf den Schauplätzen der Weltpolitik, seine Fähigkeit zum aufmerksamen und offenen Gespräch auch mit Andersdenkenden, zur vertrauensvollen Vermittlung von Meinungen und Positionen, seine Contenance in bittern und unwürdigen und sinnlosen Konfliktsituationen im eigenen Lager – und dann seinen abrupten und radikalen Schnitt, den Rückzug nach 1990 – wer das in seiner Einheit und Konsequenz verstehen will, muß zurückgehen, nach Ostpreußen, auf die Flucht, nach Nordhausen. Man muß erkennen, wovon nie gesprochen wird, was man gar nicht für möglich hält, weil es nicht ins Weltbild einer Gesellschaft paßt, die sich noch nie selbstkritisch gesehen hat und deren einzig verbindende Ideologie der Antikommunismus ist, seit sehr lange. Jene Entscheidungen damals, der Bruch mit dem Alten und die Öffnung für etwas radikal Neues, waren tief national motiviert – und für einen wie Gerhard von existentieller Bedeutung. Junge, auch ältere Deutsche kamen zu dem Schluß, Deutschland müsse sehr anders werden, vor allem seine Eigentums-, Macht- und Kommandostrukturen. Alles andere, Proletariat, Partei, Sozialismus, kamen danach, mit zwangsläufiger Logik, man sah ja keine Alternativen fürs Anderswerden. Auch der Internationalismus, der für Gerhard eine so große, sehr ernst genommene Rolle spielte, war immer auch Abtragen nationaler Schuld im Wissen um das, was geschehen war. Man muß begreifen, daß es mit solcher Entscheidung und Haltung in der real existierenden Welt für ihn keine Varianten und Auswege gab, in keine Himmelsrichtung, weder bequeme, miese, noch spektakuläre, dramatische, als die Hoffnung verbraucht, die Utopie verbannt war und die *DDR sich selbst immer unähnlicher* wurde, wie Heiner Müller Anfang der 80er sagte. Seine kritische Analyse der selbstmörderischen Medien- und Informationspolitik der DDR in einer Arbeitsgruppe des Verbandes der Film- und Fernsehschaffenden erfährt anstelle vernünftiger Debatte hysterische und beleidigende Verfolgung.

Eine nahe Mitarbeiterin in der Akademie der Künste der DDR, Regine Herrman, schreibt an Heide:

Am vergangenen Sonntag hat Michael Gielen in einer Akademie-Debatte unter dem Stichwort Wo viel Licht ist, ist auch viel Schatten *über Ruth Berghaus nachgedacht. Es fielen über sie in der Zeit nach 1990 die Worte* Versteinerung *und* Abkapselung, *beides Begriffe, die trotz abgrundtiefer Verschiedenheit beider Persönlichkeiten auch für Gerhard Scheumann zutreffend sind. Sie bezeichnen individuelles Verhalten als Reflex auf die gesellschaftliche Situation und als Teil allgemeiner Erfahrung in dem vereinigten Deutschland. Gerhard Scheumann stand damit nicht allein. Es sind zu viele dieser Generation, so oder so mit der Akademie verbunden – Alfred Hirschmeier, Ruth Berghaus, Rainer Bredemeyer, Heiner Carow, Ludwig Hoffmann, Heiner Müller*

– deren Tod wir in kurzen Zeitabständen beklagen, als daß nur persönliche Umstände ursächlich verantwortlich gemacht werden können. Mir bleibt der nachdenkliche Rückblick auf den Zustand eines Gemeinwesens, der solches lawinenförmig auslöste. Der schonungslos und für einen Marxisten nicht zu ertragende unhistorische Umgang mit einer Generation, deren Hinterlassenschaft und ohne Befragung ihrer Herkunft, hat ihn weniger in bezug auf sich selbst als vielmehr mit Blick auf die Nachkommenden beschäftigt. Seine lakonische Feststellung, daß dem Krebs fünf Jahre vor und sieben Jahre nach der Wende geschuldet seien, habe ich mit dem Hinweis auf 1982, das Jahr des Filmkongresses, ohne seinen Widerspruch, in einem letzten Telefonat korrigiert ... Schlimmer und folgenreicher als die Abstrafung durch die Partei war die Verbitterung, die sich Schritt für Schritt und Jahr um Jahr nicht nur bei Gerhard Scheumann festfraß. Der Konflikt zwischen selbstgewählter Pflicht und Neigung wurde im Aushalten für ihn unerträglich. Das Fortschreiten innerer Abneigung und auch die Verachtung gegenüber politischer Kleingeisterei habe ich oft bemerken können. Der Kampf währte eigentlich immer und je länger man mit ihm arbeitete, desto besser konnte man die Eruptionen einkalkulieren. Warum und um welchen Preis aber glaubte er, dem offiziösen Erwartungsdruck standhalten zu müssen, so wie es sein preußisches Pflichtbewusstsein ihm gebot? Warum übte er wider besseres Wissen Loyalität ...?

Einen Teil einer möglichen Antwort habe ich zu geben versucht. Aber da sind noch andere Gründe, Werte, die Gerhards Charakter bestimmten, seinen Charme, sein Charisma, seine Persönlichkeit ausmachten, deretwegen so viele Menschen ihn so mochten, Gleichgesinnte und Andersgesonnene: ich nenne sie und man wird sehen, sie klingen alle ganz altmodisch. Es ist von Güte zu reden. Und: Treue, Verläßlichkeit, Aufrichtigkeit, Entschiedenheit der eigenen Meinung; Respekt vor dem anderen, der anderen Meinung. Sein Sozialismus kam aus dem europäischen

Humanismus, zielte auf konsequente Bürgertugend. In Deutschland Bürger, Citoyen im Sinne von 1789 und 1848 sein, verlangte schon immer, irgendwann Sozialist zu werden. In der DDR vermißte unsereins oft die Bürgertugenden des alltäglichen Umgangs und Anstand, wir hielten den Mangel für ein unvermeidliches Opfer einer Revolution. Nach 1990 begriffen wir, daß im vermeintlich bürgerlichen Deutschland Bürgertugenden von Anstand und Achtung bis Solidarität und Zusammenarbeit überlebt und nahezu verschwunden sind. Ersetzt durch modernen Standard.

Gerhard und ich, wir lebten in DDR-Zeiten in verschiedenen Etagen der Gesellschaft. Aber es gab eine merkwürdige Nähe, Gewißheit von Gemeinsamkeit. 1982, nach dem Filmkongreß zum Beispiel, kam er, wollte Gespräch, Kritik, Meinung. Er wollte einen Zuhörer und Partner, so wie er Zuhörer und Partner war für seine und Heides Freunde in schlimmen und ausweglosen Situationen. Enttäuschung von Vertrauen war ihm fremd und traf ihn deshalb als Opfer um so ungeschützter. Noch im Krankenhaus erneuerte er seine Betroffenheit darüber, wie *Freundschaftswissen in Herrschaftswissen* verwandelt wird, bezogen auf den denunziatorischen Text in dem bekannten dicken weißen Band des Linksverlags. Das hat ihn mehr beschäftigt als die Diffamierung in einem der schmuddeligsten Fernsehsujets im Kulturweltspiegel des WDR, für viel Geld vom würdelosen Träger eines geachteten Namen verfertigt. Es bestätigte sein Wissen, daß wir in traurigen Zeiten leben, daß aber unsere Empfindlichkeiten nicht so wichtig sind, in dieser Welt ganz anderer Grausamkeiten.

Am 27. Mai schreibt Günter Gaus an Gerhard ins Krankenhaus, was dieser wahrscheinlich nicht mehr aufnimmt: *Ich habe in den vergangenen Monaten bei dem einen oder anderen Anlaß nachgedacht über die Schwierigkeiten, die unsere Generation in Deutschland mit ihren guten Absichten, mit ihren Idealen und ihren Hoffnungen gehabt hat. Dir muß ich davon nichts sagen: Du hast einen gehörigen Anteil an die-*

ser Geschichte unserer Jahrgänge. Da nun unsere Gedanken zu Dir ins Krankenhaus gehen, hat sich mein Empfinden noch verstärkt, daß Du mit den Höhen und Tiefen in Deinem Leben einigermaßen exemplarisch bist.

Gerhards Arbeitsleben ist eine herausragende Variante für die Möglichkeiten und Grenzen, Höhen und Tiefen, Erfüllung und Enttäuschung für diese Generation der Jungen von damals auf dieser, der DDR-Seite des Kalten Krieges, der immer über allem lag.

Die Zufälle lagen in der Luft und es ist bezeichnend, was alles ging und funktionierte. Wie es begann, beschreibt Karl Gass, der Gerhard »entdeckte«:

Er war mein Lehrling, mein Assistent, mein Freund, mein Kollege – einer der Großen des Welt-Dokumentarfilms. Als wir uns das erste Mal trafen, war er 19 Jahre alt, frisch gekürter Abiturient – ich war 32. Es war in Nordhausen, seiner neuen Heimat, wo ich für den Berliner Rundfunk eine meiner Serien-Sendung Wir schalten uns ein *produzierte. Am dritten Tag übergab ich ihm mein Reporter-Mikrofon für Interviews zum Thema Jugend in der Stadt. Er zeigte Talent. Am fünften Tag machte ich ihm das Angebot, als mein Lehrling und Assistent nach Berlin zu kommen. Am sechsten Tag packte er seinen Koffer.*

Und Fritz Noll, Radiokollege und Freund, erinnert sich:

Gerhard fiel in mehrfacher Hinsicht aus dem Rahmen. Er verfügte über einen erstaunlichen Wortschatz. Seine Fähigkeit, geradezu cutterfrei zu formulieren und das mit seiner angenehmen tiefen Stimme, ostpreußisch eingefärbt, komplettierte sein Talent ... Das, was ihn auszeichnete, damals, wie auch später als weltbekannter Dokumentarist, das war sein Drang neue Wege zu suchen und zu finden.

Mit 23 wird er für zwei Jahre Dozent an der Rundfunkschule in Weimar, aber es zieht ihn in die Praxis zurück. Gerhard Scheumann ist Journalist mit Leib und Seele, im noch honorigen Sinne dieses Berufes. Das DDR-Fernsehen verdankt ihm mit PRISMA das erste und eigentlich einzige kri-

tische innenpolitische Magazin – ungeheuer erfolgreich – und er fällt prompt 1965 über ein umstrittenes Sujet aus dem sensiblen Bereich der Schule und Volksbildung. Und genau da – die Zeit der guten Zufälle ist noch nicht vorbei – beginnt jene Arbeitspartnerschaft, die unter dem Zeichen H&S, mit Walter Heynowski und Peter Hellmich, über 34 Jahre ein großes Kapitel des DDR- und internationalen Dokumentarfilms und der politischen Publizistik formuliert. Der Reporter, der Publizist ist herausgefordert: als Rechercheur, Analytiker, Formulierer und dialektischer Interviewpartner. Diese Arbeit kostet Kraft, oft genug fordert sie Mut, Selbstverleugnung, List. Aber diese Arbeit macht auch glücklich. Wir kennen die Filme, erinnern uns an das merkwürdig starke Gefühl, gleichzeitig mit Zuschauern auf verschiedenen Kontinenten die Aufführung zu erleben. Vietnam, Kambodscha, vor allem Chile, der hoffnungsvolle Sieg einer neuen Art Revolution und die ohnmächtige Zeugenschaft einer klassisch gewöhnlichen Konterrevolution wurden zu Grunderlebnissen für Gerhard und seine Arbeitspartner. Das bleibt, das ist in der Welt, das kann verschwiegen werden, aber nicht ausgelöscht. 1997 führten wir für ein Buch zum 40. Jubiläum der Leipziger Dok-Woche ein Gespräch, an dessen Ende Gerhard sagte:
Wir wollten schon propagieren im Sinne von Überzeugen und des Verbreitens einer Meinung über die Entwicklung in der Welt. Und natürlich waren wir von der Auffassung geprägt, daß wir uns in einer Epoche des weltweiten Übergangs vom Kapitalismus zum Sozialismus befinden. Das ist eindeutig erkennbar in der Auswahl der Sujets ... Vom Ende her betrachtet könnte man natürlich sagen, daß die Definition vom Charakter der Epoche durch die Geschichte widerlegt ist. Wir haben eine historische Niederlage erlitten und müssen uns damit abfinden. Mir bleibt aber unvergeßlich, was ein führender Vertreter der Unidad Popular Chiles sagte, als dieser Prozeß in Europa zum Zerfall des realen Sozialismus wurde: Die DDR verläßt uns. Das sagt auch, was die DDR für die

Menschen aus Chile bedeutete, die hier eine zweite Heimat, eine Möglichkeit zu überleben fanden. Wenn wir von der Geschichte auch widerlegt scheinen, so bleiben meiner Meinung nach einige Positionen, deren wir uns niemals zu schämen brauchen, sowohl was Chile als auch Vietnam und Kambodscha betrifft. Da hat die DDR im Gegensatz zu dem Staat, der jetzt der ganze deutsche Staat ist, historische Positionen besetzt, und wir können sagen, wir sind mit unseren Filmen dabei gewesen.

Chile hat ihn bis zuletzt nicht losgelassen. Als Studenten *aus* Santiago, die ihre Doktorarbeit über die Chile-Filme von H&S schreiben, im Frühjahr um die Beantwortung ihrer Fragen baten, hat Gerhard quasi als Prolog eine Gemeinsame Erklärung verfaßt.

Sie trägt seine und Walters Unterschrift, datiert *Ende April 1998.*

Daraus zitiere ich: *Um es gleich klarzustellen: Wir bemühen uns nicht um diplomatische Formulierungen, um jedem unserer Leser gerecht zu werden. Wir halten fest an dem, was wir 1973 in Chile sensitiv erfahren und unumstößlich auch intellektuell durchdrungen haben:*

Der Sieg der Unidad Popular durch eine demokratische Wahlentscheidung im Jahr 1971 war ein historisches Exempel wie auch der militärfaschistische Putsch des Jahres 1973. Die Definition Pinochets, wonach die bürgerliche Demokratie eine gesellschaftliche Ordnung sei, die von Zeit zu Zeit in Blut gewaschen werden muß, *wird möglicherweise das sozialpolitische Geschehen der nächsten Jahrzehnte mitbestimmen.* Wie früher Geister kamen *aus* Vergangenheit / So jetzt aus Zukunft ebenso, *so Heiner Müller, deutscher Dichter, 1990. Die Kräfte, die 1973 Salvador Allende töteten und die Regierung der Unidad Popular wegputschten, verdienen aus unserer Sicht auch heute keine andere Benennung als konservativ-reaktionär. Den Freunden und Genossen, die in der Unidad Popular für eine gerechtere Gesellschaft stritten und ihren Einsatz zu oft mit dem Leben bezahlten, gehört un-*

ser ehrenvolles Gedenken – den nachgewachsenen Kämpfern unsere Solidarität.
Es ist sein letztes öffentliches Wort in öffentlicher Sache.
Seit klar wurde, daß wir ihn verlieren werden, gehen mir Zeilen Rilkes, den er so liebte, nicht aus dem Kopf:
Die großen Worte aus den Zeiten, da
Geschehen noch sichtbar war, sind nicht für uns.
Wer spricht von Siegen? Überstehen ist alles.
Danke, Gerhard.

GERHARD GUNDERMANN

Er war gelernter Baggerfahrer und ungelernter, aber ungemein populärer Sänger seiner Lieder. »Gundi«, den man einen Rockpoeten nannte, verließ seinen Braunkohlebagger nicht, bis dieser ihn verließ. Und er sang vom Leben, seinen Träumen und auch vom Tod, bis ihm sein Herz den Dienst versagte. Das war am 21. Juni 1998, und Gerhard Gundermann war 43 Jahre alt. Auf dem Waldfriedhof in Hoyerswerda hielt ihm Prof. Dr. Heinrich Fink die Grabrede.

Heinrich Fink
D<small>U HAST</small> D<small>ICH IN UNSER</small> L<small>EBEN GESUNGEN</small>

> *immer wieder wächst das gras*
> *wild und hoch und grün*
> *bis die sensen ohne haß*
> *ihre kreise ziehn*
> *immer wieder wächst das gras*
> *klammert all die wunden zu*
> *manchmal stark und und manchmal blaß*
> *so wie ich und du*

Liebe Cony, liebe Mutter Edith, liebe Kinder, liebe Schwester Christiane, lieber Pille, liebe Feuersteins, liebe Seilschaft, zu der wir ja doch im Sinne des Wortes irgendwie alle gehören: Die Seilschaft von Gundi.
Wir haben ein Lied gehört, dem Stimme und Text fehlen muß, weil der Sänger nur noch stumm dabei ist ... Wir sind hier, um uns gegenseitig zu helfen, das, was wir seit einer Woche wissen, auch zu begreifen.
Gerhard Gundermann hat Gedanken an den Tod nicht umgangen, aber sie umschrieben – keine dunklen Vorahnungen, sondern sie machten das Leben erst recht lebendig ...
Wenn das unverhofft Unumgängliche geschieht, ist das Leben von Familie und Freunden unabänderlich verändert.

Nun hat es den Tag gegeben, der nicht »gehalten hat, was er versprach«. Für Gundi rücken seit Sonntag, dem 21. Juni, Sommeranfang, die Zeiger nicht mehr. Der Tag, den Gundi so besonders liebte, weil es der längste Tag ist und die kürzeste Nacht. Sie wurde für ihn die Nacht, aus der er nicht mehr erwachte.

Und die zärtlichen Zeilen: »... es ist noch alles offen, es ist noch alles drin ...« sind selber zu rinnendem Sand geworden. In Worten wie: »Ich habe keine Zeit mehr / ich nehme den Handschuh auf / ich laufe um mein Leben gegen den Lebenslauf« kann ich keinen versteckten Abschied lesen. Ich verstehe sie als Beschluß, das Dasein durch sparsame Zeiteinteilung aufzuwerten.

Die rotierenden Fragen: warum denn jetzt, warum überhaupt, warum so plötzlich ohne Abschied, warum denn dieser schrecklich leise Tod, müssen unbeantwortet bleiben.

Wir müssen uns eingestehen, wie unzureichend unsere Gedankenvorräte sind, wenn es um Trost angesichts so sinnlos frühen Sterbens geht. Wir können uns Nähe als Lebenszeichen geben und über den Verlust trauern, der die Familie am härtesten betroffen hat: Cony, die Kinder, Gerhards Mutter und Schwester, die Feuersteins. Was ist mit der »Seilschaft«, die, stabil ohne zu reißen, ihn doch nicht halten konnte? Was tun wir nun in den letzten Viertelstunden, wo Gundi noch zwischen uns ist?

In rabbinischer Weisheit heißt es, daß Erinnern Leben vermehrt. Diese Überzeugung wurzelt in vieltausendjähriger Erfahrung und ist keineswegs der Strohhalm, nach dem wir greifen, den Gundi längst zischeln hörte: »Nehmt Ihr wohl Eure Pfoten weg!«

Wenn er seine Lieder als Lebensmittel verstand und mit der Band »Tankstelle für Verlierer« sein wollte, hatte er dabei bedacht, wo getankt werden kann, wenn sein Tod die Seinen zu Verlierern macht?

Erinnern ist die Möglichkeit, sich in der eigenen Geschichte nicht verloren gehen zu lassen. Vielleicht lernt man angesichts des Todes, sich sorgfältiger denn je für die verbleibende Zeit anzuseilen.

»Ich singe, also bin ich«, hat er ergänzt mit: »Ich werde gehört, also bin ich nicht allein. Das Zweite ist das Wichtigere.«

Er hat uns singend viel über sich anvertraut. Erst recht, als es die DDR nicht mehr gab, wo er widerständig, zornig und überzeugt seine Erkenntnisse für den Sozialismus ein- und umsetzen konnte, auch in mit Richard Engels Geduld beharrlich erstrittenem Dokumentarfilm, der 1982 doch noch gezeigt werden durfte. Er hat sich bereitwillig in Interviews und im »Zettelkasten« unmißverständlich geäußert, daß für ihn weiterhin Sozialismus der einzig mögliche Ausgang aus einer zerstörerischen Geschichte ist; nicht durch Ideologie, sondern durch das gesellschaftlich praktizierte Gegenteil von Egoismus.

An seinem »Ich werde gehört, also bin ich nicht allein« bleibt jeder von uns beteiligt auf seine ganz persönliche Weise, aber auch verpflichtet, ihn jetzt nicht ungehört im Grabe allein zu lassen.

Er hat uns singend anvertraut, wie er rückblickend die Mutter dankbar bewundert, wie sie die Ehescheidung bestanden hat und unter großen Mühen die Geschwister ernährte.

Und dann hat er seine, vor allem wegen des lebensgefährlichen Bubenstreich mit der 08 allzuoft geflickten Flügel doch mutig ausgespannt, um mit Che und Tamara Kundschafter zu werden, für eine zum Frieden veränderbare Welt. Nicht blind, aber in riskantem Vertrauen wagte er deshalb auch die Konspiration.

1978 wird aus dem Singeklub Hoyerswerda »Brigade Feuerstein«, Baggerfahrerprüfung und erstes Parteiverfahren. 1983 ist Hochzeit mit Cony und den Kindern Yvonne und Steffen. Er hat im Hochzeitslied sein Glück mit Cony besungen, und es vielen anderen als Metapher gegönnt:

> *wenn du ein lautes herz hast,*
> *das fast die brust zerschlägt*
> *weil es keine einsamkeit und finsternis erträgt*
> *–*
>
> *und bin ich einmal ohne dich*
> *und merke, daß ich frier*
> *ja, dann bleibe ich bei dir*

Er hat in Verse gebracht, daß er bei seinem verbittert verstummten Vater – fast zu spät – doch noch einmal Gehör gefunden hat. 1994 hat er dann einen Satz Hobel und Fleischerhemden aus den 20er Jahren als Erbe angetreten. Aber vergeblich hat er sich bemüht, den Kindheitsfilm an die »verlorene Glücksstelle« zurückspulen zu können.

> *vater sag, ist in dem koffer, dem gelben noch*
> *der alte projektor, ich spul den film zurück*
> *bis zu dem tag bis zu jener stelle*
> *als es noch nicht weg war, das glück*
> *hier muß es doch irgendwo sein*
> *hier muß es doch irgendwo sein*
> *hier irgendwo*

1992 wird die Band »Seilschaft« gegründet, die Tochter Linda kommt auf die Welt und hat sich den Vater »aus seiner dicken Haut einfach ausgeschnitten«.

> *du bist in mein herz gefallen*
> *wie in ein verlassenes haus*
> *hast die fenster und türen weit aufgerissen*
> *das licht kann rein und raus*
> *ich hatte doch schon meinen frieden*
> *aber du bist so ne laute braut*
> *du hast mich wieder ausgeschnitten*
> *aus meiner dicken haut.*
>
> *ich wußte wie die kugel rollt*
> *und war nicht mehr interessiert*
> *wenn der sensenmann mich abholt*
> *hätte mich nicht geziert*

> *meine pistole war geladen*
> *mit dem allerletzten schuß*
> *ich hab sie unterm kirschbaum vergraben*
> *weil ich doch hierbleiben muß.*
>
> *du bist in mein herz gefallen*
> *wie in ein verlassenes haus*
> *hast türen und fenster weit aufgerissen*
> *das licht kann rein und raus*
> *ach ich dachte ich finde nie mehr*
> *heim ins weihnachtsland*
> *vielleicht kannst du mein lotse sein*
> *halt mich an deiner hand.*

Martin dagegen brauchte Jahre, um den Vater und sich als Sohn entdecken zu können – und hat sich auf seine Weise daran beteiligt, Licht durch aufgestoßene Fenster und Türen fluten zu lassen.
Genug der Daten, obwohl zu wenig gesagt ist ...
Gundi hat in seinen 43 Jahren eigentlich zwei Leben gelebt: Baggerführer und Musiker, die Lieder sollten Seile sein. Er hat seine Zeit doppelt getimet. Er hat so intensiv gearbeitet, als ob er jungen Herzens doch schon mit 86 gestorben wäre.
Zwischen zwei Welten pendle ich, so beschrieb er sich nachdenklich:

> *auf der einen hab ich den bagger ein dach*
> *und eine sonne die sich zwischen schloten*
>   *durchsägt*
> *auf der anderen find ich bücher*
> *schreibmaschine und gitarre*
> *auf der einen gibt es freunde und gegner*
> *auf der anderen auch*
> *steh ich auf der einen sehne ich mich*
>   *nach derandern*
> *und umgekehrt*

> *diese lieder sollen seile sein zwischen beiden*
> *und sie zueinander ziehen*
> *so könnte ein doppelplanet entstehen namens*
> *ZUKUNFT*
> *auf dem stünde ein tisch*
> *woran alle miteinander sitzen und reden*
> *können*
> *die ihre fäden zu den seilen gaben*
> *und sie hielten und dran zogen*

und dann nennt er viele Namen. Vielleicht sind die meisten von ihnen hier. Alle wollte er für das Experiment gewinnen, ob nicht doch der Schritt vom Menschsein zur Menschlichkeit gemacht werden könnte.

Er jedenfalls meinte, daß der Mensch für diesen Sinn lebe. Das Aus im Revier, die Arbeitslosigkeit, die Umschulung zum Tischler, alles hat ihn viel Lebenskraft gekostet, aber ihm nicht den Mut genommen: Er hat ohne Pause weitergelesen, kein Stuhl blieb leer. »Wer Unfallstellen kennt, tut Unrecht, wenn er sie nicht nennt.« Denn es war seine Sorge, daß die neuen Bosse geldsüchtig den großen Unfall riskieren würden.

> *hier drehe ich meine kreise*
> *wie ein fest verankertes schiff*
> *hier führt mich meine reise*
> *nicht weit aber tief*
> *hier bin ich geborn*
> *hier hat mich mein gott verlorn*
> *so wie ins wasser fiel der stein*
> *und hier holt er mich wieder ein*

Gott war für ihn keine gemiedene Vokabel. Aber ich verstehe das als Suche nach einem trigonometrischen Punkt, um die irdischen Verhältnisse sachgerechter vermessen zu können.

Den Wunsch, in seinem Garten, hinter dem Haus beerdigt zu werden, können wir Gundi nicht erfüllen. Vielleicht aber rechnet er diesen Platz dazu ...

Nun habe ich gesprochen, obwohl er sich ausdrücklich als Grabredner den Wind gewünscht hat. Aber hätte der aussprechen können, was Gundi sich als letztes Wort wünschte: »Auf Wiedersehen«?
Du hast Dich in unser Leben gesungen, dafür danken wir Dir hier nicht zum letzten Mal. Cony sagt: »Du gehst zu Deinem letzten Konzert.« Das für uns letzte Stück gehen wir mit Dir.

ROLF LUDWIG

In der DDR war er in seiner Schauspielergeneration einer der Auffälligsten und Vielseitigsten auf Bühne, Leinwand und Bildschirm. Erzkomödiant, soweit man darunter nicht nur das von ihm exzellent beherrschte komische Fach versteht, sondern auch den menschliche Schicksale zwischen Verantwortung und Verzweiflung verkörpernden Charakterdarsteller. Rolf Ludwig starb am 28. März 1999 im Alter von 73 Jahren. Sein Kollege Eberhard Esche hielt ihm die Abschiedsrede.

Eberhard Esche
DIE BEIDEN NARREN LACHEN SICH IN DIE AUGEN

Der Komödiant lebt von der Phantasie. Dicht neben der Phantasie hocken die Hexen der Illusionen. Die Verwechslungen liegen dicht aufeinander. Versetzen wir uns, nach des Komödianten Tod, himmelwärts. Fragen wir, da angekommen, nach der Abteilung »Besonders komische Fälle«: Wir sind im Schauspielerhimmel. In dem sitzt seit Sonntag Dieter Franke nicht mehr allein. Dieter Franke ist der mir einzig bekannte Mensch, der ungezählte Freunde hatte. Doch hatte er seinen bestimmten Zustand von Trunkenheit erreicht, klagte er über seine Einsamkeit und – daß er nicht mal *einen* Freund hätte, außer dem Ludwig, und der könnte keiner sein, weil der Angst vor der Liebe hätte. Dieser Dieter Franke also sitzt seit 1982 an einem Kneipentisch. Und da im Himmel die Leber abgeschafft ist, hat er vor sich ein volles Bierglas und vis-à-vis einen leeren Stuhl. Vor dem leeren Stuhl steht ebenfalls ein volles Bierglas. Unberührt. Franke wartet auf Ludwig. Das zweite Bier läßt Franke von Jahr zu Jahr neu zapfen, denn Ludwig kommt nicht. Als Ludwig sich endlich anschickt, das Jammertal zu verlassen, muß Franke zu seiner Enttäuschung beobachten, wie der vor Ludwig stehende Sensenmann die zur Ernte erhobene Sense fallenläßt. Ludwig hält den Tod von seiner Arbeit ab,

statt zu ernten, krümmt der Gevatter sich vor Lachen. Der Sensenmann lacht ab, wendet sich dem Wartezimmer zu und läßt den Ludwig laufen. Dieser Vorgang wiederholt sich innerhalb eines Jahrzehnts wieder und wieder. Es ist ein närrischer Vorgang. Es ist ein tolles Stück, in welchem ein Komödiant die Hauptrolle spielt, der diesen Vorgang zu unser aller Staunen einmal nicht erfunden, sondern gelebt hat. Ein Komödiant, der Rolf Ludwig heißt. Dieses Stück steht als Sinnbild für alle Komödianten: Selbst dem Tod die Pointe klauen. Und ich denke, solange es Berufsschauspieler gibt, hören solche Narreteien, die aus der tödlichen Situation noch einen Lacher holen, nicht auf. Und nehmen sie ihnen die großen Häuser, dann spielen sie an jenen Orten weiter, die Rolf Ludwig fälschlicherweise für sein zweites Theater hielt, dann spielen sie wieder auf jenen Plätzen, auf denen sie vor zwei Jahrhunderten begonnen haben, den Dichter auf sich herunterzuziehen und gleichzeitig sich durch ihn zu erheben, dann gaukeln sie wieder in den Kneipen. Das ist schlecht für die deutsche Schauspielkunst. Das ist schlecht für die deutsche Nation. Das ist gefährlich für die Welt. Denn mit dem Kulturverfall kommt die Barbarei wieder anmarschiert. Der Begriff Barbar aber stammt aus dem Griechischen und bedeutet unter anderem *Der Stammelnde*. Aber wenn das werdende Stammeln die momentane Gesellschaft nicht stört – was soll der Komödiant machen, seine Macht hört am Bühnenausgang auf, nicht aber seine Lust zum Spielen. Wenn es denn sein muß, zum Stammelspiel.
Der moderne Komödiant ein Stammelkünstler. Doch für sich tut er alles, der Komödiant, und geht jeden Kompromiß ein. Seine Spielgier braucht den Ausweg. Braucht das, was er für die Hoffnung hält. Ein paar zusammengestellte Kneipentische sind immer ein Anfang.
Verfügen kommende Generationen dann noch über Ludwigs Komödiantenlust, gefallen sie ihrem Publikum auch dort. Diesem Zustand nähert sich die Welt.

Ich maße mir an, Ludwigs letzte Jahre als ein Sinnbild für Überlebensfähigkeit darzustellen. Der Überlebensfähigkeit nicht des Theaters, aber des Komödianten. Die Überlebensfähigkeit aber holt der Komödiant, so scheint es mir, nicht aus dem Nachdenken, sondern aus der Unberechenbarkeit des Hemmungslosen. Das schließt den Verrat an jedem und allem nicht aus. Im Gegenteil, der Verrat ist die Basis der Pointe. Und von der Pointe lebt der Komödiant. Die weiß der echte immer zu holen. Wählerisch ist er da nicht. Seine Zielrichtung von der Bühne in den Zuschauerraum hinunter besteht darin, neben der Bewegung, die Erschütterung und Denklust erzeugt, den Lacher zu locken. Den Lacher nicht nur, weil der am schwersten zu holen ist, sondern weil der Lacher am besten zu hören ist. (Was nicht ausschließt, daß mancher ihn sich gerade deshalb auf die seichteste Art holt, doch da verlasse ich Ludwig.) Natürlich ist Stille auch zu hören, am besten hört man Stille, gleich nach der Natur, im Theater. Aber Stille unten kann auch bedeuten, daß die da oben zu leise oder die da unten eingeschlafen sind. (Schon wieder verlasse ich Rolf Ludwig.) Nein, der echte Komödiant weiß um die Unterschiede. Hier gehört sein Leben, das er freiwillig einem Beruf verschrieben hat, der mit der Lüge spielt, der Wahrheit. Mit der der Komödiant ansonsten so gut nicht umzugehen versteht. Denn was tut man nicht alles für die Pointe. Der alte Komödiantenspruch: »Für eine Pointe verkauft er seine Großmutter an den Bestatter, und wenn es denn sein muß, jeden Abend«, stimmt immer, solange es Schauspieler gibt. Schauspieler sind berufsbedingt gezwungen, Hemmungen (nach Befähigung diszipliniert) abzulegen. Des Komödianten Leben besteht aus Hemmungen, des Komödianten Beruf aus praktizierter Hemmungslosigkeit. Diese beiden Extreme schließen die vielfältigsten Verwechslungen ein. Hier verlasse ich Rolf Ludwig nicht.
Welcher normale Mensch stellt sich auch Abend für Abend

vor zuschauende Mitbürger und verstellt sich, berufsbedingt, öffentlich. Kleidet sich in fremde Kleider, malt sich mit unnatürlichen Farben das Gesicht voll, Hals und Ohren eingeschlossen, ja, sogar Arme und Beine, und spricht Texte, die ihm selbst niemals einfallen würden. Fast jeder außerhalb des Theaters Befindliche verfügt, trotz Meiser und Schäfer, über die natürliche Scheu, sich öffentlich zur Schau zu stellen, Prostituierte, Politiker und neuerdings Wirtschaftsführer ausgenommen. Wer das nicht glauben mag, gehe doch einmal im Brandenburgischen zu einer Versammlung von Landbewohnern, er wird erleben müssen, daß, obwohl das aufgerufene Problem das hautnahe Problem der Versammelten selbst ist, nur wenige den Mut haben, vor fremden Menschen zu sprechen, was sie zu Hause oder im Kreise der Vertrauten ohne weiteres könnten. Die meisten Menschen sitzen eben lieber im Saal und halten den Mund, als daß sie auf der Bühne stünden und ihn öffnen. (Zweifellos hat diese Scheu nicht nur Nachteile.) Sie mögen davon träumen, einmal selbst von da oben auf die anderen hinunter zu wirken, aber wer tut es wirklich? Die Verrückten, die zum Theater gehen. Die eigentlich Oberängstlichen, die eigentlich Lebensuntüchtigen. Diese sich ewig ungeliebt Wähnenden. Diese Trotz-alledem-Menschen. Und wo finden sie ihre Insel? Bislang auf dem Theater. Und wer wußte bisher am besten mit ihrem Übermut umzugehen, den sie an diesem Ort glaubten ausleben zu können? Die andern Egomanen, die anderen Verrückten. Man war unter sich und konnte den Helden hemmungslos auf der Bühne, in der Garderobe und in der Kantine geben. Nur nicht im Leben. Und so kasperten sie sich durch die Jahrtausende, und so kaspern sie noch heute. Und so wird es bleiben. In Ewigkeit. Amen.
Und nun hat sich einer von uns zu Tode gekaspert, und Dieter Franke freut sich über seinen Freund, daß der endlich gekommen ist. Er bietet ihm den leeren Stuhl an. Das Bier ist neu gefüllt. Und seit Sonntag tut Franke das, was er schon

immer tat, wenn er seine Liebe zeigen wollte, er beschimpft seinen sehnlichst erwarteten Gast. Er beschimpft seinen Freund Rolf Ludwig. Und vielleicht just in diesem Moment sagt er zu ihm: »Was hast du denn da unten, seit ich weg bin, alles für Mist erzählt, nun willst du sogar Widerstandskämpfer gewesen sein und hast doch kaum den Freiraum genutzt, den die Regierung selbst vermeintlichen Narren gab.« Und Rolf Ludwig, der Komödiant, tut das, was er schon immer tat, wenn er seine Einsicht zeigte. Er nimmt jene Haltung der Zerknirschung ein, die er immer einnahm, wenn er etwas einsah: die Hände steckt er zwischen die Knie, seinen Körper neigt er leicht nach vorn, den Kopf etwas schräg, nickt er diesen bedauernd, lächelt den Dieter um Verzeihung bittend an und sagt: »Dieter, du hast ja so recht.« Dann wiederholt er noch einmal den Satz. Die beiden Narren lachen sich in die Augen. Dann heben sie ihr Bier und trinken sich zu – und sind endlich wieder recht zufrieden miteinander. Dieses natürlich auf ewig.

KURT BÖWE

In der DDR galt er als das, was man einen Volksschauspieler nennt. Seine künstlerische Heimat war das Deutsche Theater Berlin, aber Kino und Fernsehen verhalfen seiner Darstellungskunst zu immenser Reichweite. Schließlich erlangte er mit der Rolle des Kriminal-Kommissars Groth im »Polizeiruf 110« auch gesamtdeutsche Nachwende-Popularität. Kurt Böwe starb einundsiebzigjährig am 14. Juni 2000. Der Theaterkritiker Hans-Dieter Schütt, Autor des Buches »Kurt Böwe – Der lange kurze Atem« und zwei weiterer zusammen mit dem Schauspieler verfaßter Bücher, war einer von mehreren Rednern auf der Trauerfeier im Deutschen Theater.

Hans-Dieter Schütt
SELBST-DARSTELLER IM »UNFUGLADEN«

Soeben sprach hier auf dieser Bühne Regisseur Horst Schönemann darüber, wie aus dem Theaterwissenschaftler Kurt Böwe der Schauspieler Böwe wurde. Sie, Horst Schönemann, sind der Entdecker Böwes, aber Sie haben aus Anstand und Takt verschwiegen, daß Ihnen Günter, der ältere Bruder von Kurt, in der Familie beziehungsreich »der Präsident« genannt, eine gehörige Tracht Prügel anbot – eben weil Sie Kodi in die zwielichtige, verdorbene Welt der »Poppenspäler« abziehen wollten. Welch ein Sinnbild für familiären Zusammenhalt, kassandragleiche Ahnung und nüchternen Realitätssinn ...

Schauspielers Zerreißprobe besteht darin, wie er Hingabe an die Kunst und Hingabe ans Publikum in ein tragbares Verhältnis setzt. Man kann sich hoch in die Kunst erheben oder ins Publikum abstürzen; man kann in den Tiefen der Kunst unverstanden vereinsamen oder aber vom Publikum in alle Himmel getragen werden. Wirkungsbedürfnis, von der Bühne in den Alltag getragen, richtet jedenfalls fragwürdige Dinge an. Es ist dies der Punkt, an dem sich neben allem Talent entscheidet, ob einer Schauspielkünstler oder Volkstümler sein will. Kurt Böwe hat wie kaum ein anderer auf diesem schmalen Grat getanzt und getänzelt. Mit all der Kraftmasse seines Körpers, doch behend wie auf Zehenspitzen. Er war Publikums Genosse, und er hat das genossen. Wenn man diesen Schauspieler sah, hob man nicht unwillkürlich den Blick zu einem schwer erreichbaren Kunstwerk auf einem Gipfel. Böwe spielte auf Augenhöhe, das Identifikationsniveau war ihm wichtig, und er mußte sich – Fluch und Segen seines Talents – in dieser Hinsicht treu bleiben, witzig, charmant, unverwüstlich auch mal bis zur Schmerzgrenze; aber all das Selbstbezogene, was bei jedem anderen rasch peinlich geworden wäre, lenkte dieser herrlich dreiste Kerl in eine allwaltende Auftrittsfreude, bei der alle, die einbezogen wurden, gern mitspielten.

Unter dem Gesichtspunkt hemmungsloser Liebe zum Publikum ist es eine der großen Charakterleistungen Kurt Böwes, sich in dieser Zeit der Anfechtung durch das Selbsterregungsmedium Fernsehen nicht dem Mahlwerk der Resteverwertung von Ost-Berühmtheiten geopfert zu haben. Nur so konnte sein Polizeiruf 110-Kommissar Groth neben Uwe Steimles Hinrichs zu jenem mecklenburgischen Schwejk, ja zu einer Kult stiftenden Kunstfigur wider alle Krimikonfektion werden.

Zu reden ist von dieser wohl instinktiven Empfindlichkeit Böwes, die ihn ein Leben lang gleichsam riechen ließ, wo man bleibt und wo man besser geht, wo man zusagt oder besser ablehnt. Dieser Spürsinn ließ ihn die Schauspielschule des Deutschen Theaters in Berlin fliehen, bevor es überhaupt losging; weil man im Dorfjungen nur den Arbeiter-und-Bauern-Kader sah, der die Bühnenintelligenz gewiß mit Fleisch und Wurst versorgen würde. Diese Sensibilität ließ ihn später auf Konrad Wolf hören, der ihn in der ersten Hälfte der siebziger Jahre mit der Hauptrolle des Bildhauers Kemmel im Film »Der nackte Mann auf dem Sportplatz« in Selbstzweifel stürzte; denn Wolf war es, der

Böwe dazu brachte, sich in Frage zu stellen und sich dem Abenteuer zu stellen, mit seiner Körperlichkeit tiefere Seinsschichten anzutasten.

Im Zusammenhang mit dieser Krise und einem Sowjetunion-Aufenthalt ist übrigens ein Tagebuch Böwes entstanden, das ich für eine der erregendsten Selbstauseinandersetzungen eines DDR-Künstlers halte. Besagter Instinkt ließ Böwe dann auch hartnäckig am Deutschen Theater ausharren, fast arbeitslos, bis ihn endlich (über einen Bierdeckel-Gruß) der Regisseur Adolf Dresen für sich und uns entdeckte. Und über zwanzig Jahre später, 1997, sorgt dieser »Geruchssinn« dafür, daß Böwe das Ensemble des Deutschen Theaters verläßt, weil eine allgemein krause Stimmungslage den Sinn der Berufsausübung aufzuweichen droht. Weil gleichsam nur noch porös gewordener Beton den Körper Ensemble zusammenhält, wo mancher verzweifelt, illusorisch verzweifelt, noch immer meint, es sei Energie.

Ich denke, der Beruf des Schauspielers ist ein heroischer Beruf. Denn der Schauspieler lebt immer in einem gewissen Klima der Angst. Er ist der einzige Künstler, der ständig einer Öffentlichkeit ausgesetzt ist. Ein Schriftsteller sitzt zu Hause, niemand schaut ihm bei der Arbeit über die Schulter; keiner verfolgt mit Argusaugen, wenn er etwas durchstreicht oder ein Blatt Papier gar wegwirft, weil das darauf Notierte selbstgestellten Maßstäben nicht genügt. Wessen wir schließlich gewahr werden, ist ein Endprodukt, das aus der Einsamkeit in die Welt wächst.

Der Schauspieler dagegen, dieser blinde Maler, der sein Werk nie selbst sehen kann, weil er Produzent und Produkt, Schöpfer und Instrument zugleich ist: Immer wird er in seinen Verwandlungen beobachtet und bewertet. Und das nicht nur in der abendlichen Vorstellung, sondern bereits bei der ersten Probe. Franz Kafka hat die »göttliche Frechheit, sich anschauen zu lassen«, einmal als die größte Gabe des Schauspielers bezeichnet. Freilich fordert diese Gabe einen hohen Preis: einen ständigen Kampf gegen die

Hemmung. Diesem Kampf ausgesetzt zu sein – das ist das Urgefühl aller Prostitution. Also auch aller Schauspielerei.
Dieser Angst vor öffentlicher Verwandlung zum Nachteil der eigenen Seelenunantastbarkeit ist Kurt Böwe entgangen, indem er sich Stück für Stück, eben auch Bühnenstück für Bühnenstück, nicht in einen Fremden, sondern in eine Philosophie verwandelt hat, die nur ihn allein meinte. Das hat ihn vor jeder Entblößung durch Schauspielerei geschützt und ist doch jeder Rolle wunderbar zugute gekommen. Diese Philosophie lautete: Sich selber nur ja nicht allzu schnell loswerden wollen! Wer sich loswerden will an das, von dem er glaubt, es sei die Welt – was hätte so einer der Welt zu sagen?
In dem sehr schönen Porträtfilm von Gabriele Conrad, »Kodi kommt«, sagt Böwe in Bezug auf seinen Trullesand in Hermann Kants »Aula« am Landestheater Halle, wenigstens einmal im Leben müsse der Schauspieler eine Rolle spielen, die er ganz und gar nur mit sich selber ausfülle. Damit er ein Gefühl für sich selbst bekäme; denn just dieses Gefühl für sich selbst sei in diesem wie in kaum einem anderen Beruf gefährdet. Jeder Besetzungszettel ist schließlich die Geburtsurkunde für ein neues Leben; und jedes neue Bühnenleben prüft den Schauspieler auf sein Grundtalent, das in der Realität verpönt, auf der Bühne jedoch zu hohen Ehren führen kann, und dieses umstrittene, gefährliche Grundtalent heißt: Opportunismus, Anpassungsfähigkeit. Böwe hat nicht nur ein einziges Mal ganz sich selbst gespielt, er ist stets er selber geblieben, als wollte er früh sagen, was zu sagen ist: Mit dem schnell Wechselnden, mit den Masken gehen wir Menschen hausieren von Stunde zu Stunde, von Ort zu Ort, mit dem wenigen aber, das wirklich unser Ich bildet, führen wir mit dem Tod ein Duell.
Es ist nicht der erste Grund, einem Schauspieler zuzusehen, weil man Verläßlichkeit will. Eher reizt das verführerisch Fremde. Aber indem Kurt Böwe bei sich selber blieb, indem

er kein geschickter, verblüffender Könner wurde, indem er weder brillant nervös, noch introvertiert sonderlich aufspielte, indem er nicht mit seinem Körper in anderer Haut herumraste, schuf er um sich eine besondere Aura der Verläßlichkeit. Er ist einer der wenigen Schauspieler, die es auf diese Weise geschafft haben, etwas zu hinterlassen, was einem Schauspieler ansonsten nicht vergönnt ist – weil allein schon ein laufender Spielplan jeden Darsteller immer wieder in neue Umstände wirft, die nicht allein von ihm abhängen. Was Böwe hinterlassen hat, ist das, was man ein WERK nennt. Und wenn es ETWAS Tröstliches gibt in dieser Stunde jetzt, dann dies: Es ist sogar ein geschlossenes Werk. Ja, ich habe nicht das Gefühl, daß etwas Entscheidendes fehlt. Also nicht dieses bedauernde: »Ach, diese Rolle hätte er noch spielen wollen oder sollen ...«

Nein, der Anfang hat gestimmt, der Trullesand in Halle, und das Ende hat gestimmt, der Herr Paul nebenan in der Kammer. Der eine ein Mann der Weltanschauung, der andere ein Mann, der die Welt durchschaut hat. Der eine, der nicht stehenbleiben will, der andere, der einfach sitzen bleibt. Es führt ein verschlungener und doch ganz aus Fügung bereiteter Weg vom drängenden Mittelpunkt-Arbeiter hin zum Philosophen der Randzone, vom politischen Expressionismus des sozialistischen Volkstheaters hin zur beruhigten Altersweisheit. Aus einem Protagonisten der siegreichen Macht ist, genau genommen, ein Protagonist der Ohnmacht geworden; jenes politisch Auffahrende der frühen Darstellungen, dessen ideeller Großansatz sich an den Realitäten zerrieb, wuchs hinüber ins Bodenständige, das jeder Realität standhält, weil es menschlich bleibt, also: nicht-heldenhaft, stur, je nach Notwendigkeit plump und direkt oder listig und schlau.

Was sollte nach diesem Herrn Paul, diesem Nachdenken über das blöde Umherrennen auf der gegenwärtigen Welt, noch kommen. An Konsequenz, an Entschiedenheit der Er-

kenntnis, die in den letzten Jahren eine der wichtigsten für Böwe war: Alles hat seine Zeit, und es bedarf sehr weniger Dinge, um wahrhaftig zu bleiben. In diesem Paul hat man den ganzen Böwe, und von da an ist alles weitere ein Stück von Herrn Paul, der Polizeiruf 110-Kommissar Groth ebenso wie der Alfred Ill im »Besuch der alten Dame«.
Wie dieser Groth hinter Hinrichs herschlurft, mit einem quengeligen »Wie Sie meinen« – auch das ist die Produktivität sensibelster Trägheit. Zu diesem Herrn Paul führt der Dr. Holtfreter in Vera Loebners wunderbarem Film, der auch im Titel vorwegnimmt, was mehr und mehr zu Böwes Selbstgewißheit wurde, wenn er sein Leben betrachtete, sein Woher und sein Wohin und dabei immer unaufgeregter wurde: »Späte Ankunft«. Dieses Bedenken des Paul verströmten in Ansätzen früh auch schon Bildhauer Kemmel, Lehrer Wanzka, der Jonas beim »Einzug ins Paradies«, der Bürgermeister Jadup in »Jadup und Boel«, Barlachs Boll. Selbst Bruscon, der größenwahnsinnige Theatermacher, ist nur die schäumende Variante der stillen, so bitteren wie hilfreichen Wahrheit: Alles Spiel ist nur eine Form, um im Gefängnis, das man Leben nennt, wenigstens so zu tun, als sei man der Wärter, nicht der Eingesperrte.
Späte Ankunft. Aus der Prignitz in die Prignitz. Böwes Altersweg, bis zuletzt sein Jungbrunnen. Darin wohl war der Mann ein großartig lebendiges Beispiel: Ein jeder von uns trägt das Bild einer Urlandschaft in sich, ein Urerlebnis, das im Laufe der Jahre immer wieder an die Oberfläche drängt und in Gedanken und Handlungen Gestalt gewinnt. Unser Leben ist nicht nur Gegenwart, es ist immer auch das Ergebnis von Erinnerung. Es gibt biographische Bereiche, die man nicht voreilig als erledigt betrachten darf. Sie sind dem Gesetz des Wachstums unterworfen. Man kann sie nicht erklären, höchstens deuten. Erklären ist immer weniger als Deuten, und Sehen stets weniger als Schauen. Wer etwas erklärt, geht in gerader Front auf die Dinge zu; wer etwas deutet, muß die Genealogie der Dinge verstehen. Böwe war

ein grandioser Deuter seiner selbst, seines Provinziellen, also all dieses Ungenauen, Ungeformten, Ungehobelten, Bäurischen, nach Feld Riechenden; in ihm lebte die Unkultur des kleinen Mannes, etwas zu tun, was in landläufiger Geschichtsvorstellung und -gesetzlichkeit nicht vorgesehen war: Er wuchs zu formendem, gestaltendem Selbstbewußtsein auf. Mit anderen Worten: Er wurde DDR-Bürger und war nicht bereit, besagtes Selbstbewußtsein zu leugnen, als der Staat aus der Geschichte abtrat.
Provinz, das war: Dörfler zu sein. 1945 »die Freunde« als Befreier begrüßt zu haben. Als Bauer studiert zu haben. DDR als Heimat empfunden zu haben. Immer zu groß geträumt und sich mächtig geirrt zu haben in dem, was man Sozialismus nannte. Und doch nicht zu vergessen, woher man kam. Provinz – das sind Dorffeste in der Prignitz (natürlich Böwe-Feste), das ist mehr Durst als Biervorrat, ein Beutel zum Einkaufen und Schaulaufen, und das ist der Stolz, in der Kaufhalle nicht als Schauspieler erkannt, sondern mit einem Bauingenieur aus Rostock verwechselt zu werden.
Provinz, das war bei Kurt Böwe authentisches Pathos. Er hatte das Vermögen, über eine bloß allgemeine Erfahrung der Zeit hinaus an Urbilder von Existenz zu rühren. In den sechziger, siebziger Jahren waren dies Urbilder einer ersehnten Existenz: der neue Mensch, der forsche Zeitgenosse, der robuste Veränderer. Später dann: der Mensch, der Erfahrung ernst nimmt; ruhende Kraft, aufregende Gelassenheit; dieser Moment, in dem man glaubt, Leben und Kunst seien in eins geflossen, und das Leben hat für just diese Momente des Glaubens plötzlich einen wärmenden Schein.
»Meine staunende Anteilnahme«, so der Theaterphilosoph Dieter Sturm, »galt bei Böwe hauptsächlich dem einen: wie konnte so viel plebejische, so viel objektiv widerständige und nachdenkliche Kraft sich spielerisch realisieren und beglaubigen in einer solchen präzisen Zartheit, mit kluger

Risikoangst, ja mit einer Tiefentrauer sich ändern, so daß Verletzlichkeit und Vitalität, die Verletzlichkeit jeglicher wirklichen Vitalität so unvergleichlich Ausdruck werden konnten.«

Heute lese ich den Satz ganz anders, den der Student Volker Trauth mal über Böwe schrieb, und der eine ziemliche Vernichtung war, Anfang der sechziger Jahre; da ging es nicht um Herrn Paul, sondern um einen LPG-Menschen in Helmut Sakowskis »Steine im Weg«, und dieser Mensch hieß auch Paul. Trauth schrieb: »Und dann war da noch der Schauspieler Kurt Böwe, und der hielt für die Rolle des Paul für die Zuschauer zwei Gesten parat – eine am Anfang und, überraschenderweise, eine zum Schluß.« Der Satz, der heute einmal mehr aufs Hauptthema dieser Böwe-Kunst verweisen würde, wie wenig man braucht, um wahrhaftig zu sein, war damals Charakterisierung eines Schauspielerdaseins, an das Kurt Böwe immer wieder in genüßlicher Selbstironie erinnert hat. Er war als Darsteller das, was der geliebte Dichter Fontane in Bezug auf sein eigenes Talent so beschrieben hatte: »Es drippelte nur ... ich war ein beanlagter Mensch, mehr nicht.«

Theater ist in seinen besten Momenten immer auch nötige Leere zwischen großen Einfällen. Böwe aber war nach eigenen Worten lange Zeit: »Leere, die keinesfalls nötig war, und die Einfälle an diesem Maxim Gorki Theater waren so groß auch nicht. Ständig fürchtete ich, es würde nach Beendigung einer Vorstellung, an der ich beteiligt war, regnen und das Publikum beim Hinausgehen sagen: ›Auch das noch! Wenn ich nun gerade mal keinen angucke auf der Bühne, wo soll ich denn hingucken?‹, hatte ich den Regisseur Professor Ottofritz Gaillard gefragt. ›Ach‹, sagte der, ›schauen Sie in den Zuschauerraum, ganz nach hinten, wo die roten Lampen hängen.‹ Na ja, guckte ich eben dorthin.«

So also war der angehende Schauspieler Böwe zu beschreiben: Am Anfang eine Geste, eine zum Schluß, und zwi-

schendurch schaute er auf die roten Lampen. Ansonsten: Was soll man reden, wenn man schweigen kann, was soll man spielen, wenn man rumstehen kann. Nur einer lobte ihn, so ein gewiefter kleiner Zyniker mit gefährlich spitzem Gesicht, der gerade mal wieder im Theater herumlungerte, ein Mann namens Heiner Müller, der sieht diesen hilflosen Klotz Böwe auf der Bühne und bringt ihn dazu, über seinen theatralischen Standfußball in »Theater der Zeit« zu meditieren. »Du machst das richtig, hatte Müller zu mir gesagt – du kannst nichts, du machst nichts, aus dir wird nichts – jetzt mußt du nur noch klug darüber schreiben.«
Solche Selbstironie gehört zu Böwe, und sie hat immer gesiegt, auch über anfänglichen Zorn, etwa über scheinbar grundfalsche Einschätzungen seiner Arbeit. Er hat sich wahnsinnig geärgert, als Gerhard Stadelmaier in der Frankfurter Allgemeinen Zeitung über ihn schrieb, er gleiche als Falstaff in Thomas Langhoffs »Heinrich IV.«-Inszenierung am Deutschen Theater einer »transvestitischen Knödelköchin«. Wochen später kam eine Karte aus Hiddensee, vorn drauf das Porträt eines etwas einfältigen Dorfkindes, gemalt von der Inselkünstlerin Elisabeth Büchsel, hinten drauf der handgeschriebene Text: »Ziehen wir dem Gesicht eine Kniehose an – das könnte Kodi Böwe aus Reetz sein, freundlich gar und stockig und natürlich blond. Im übrigen, was Stadelmaier kann, kann ich wohl auch: Jetzt drehe ich wieder, und mein Groth wird aussehen wie eine nachdenkliche Pellkartoffel kurz vorm Platzen.«
Überm Eingang zu seinem Zimmer im geliebten, ausgebauten Haus in Krumbeck hängt, wie bei anderen vielleicht das Hufeisen, die Reproduktion eines kleinen Bildes von Hieronymus Bosch: Der Gaukler. Eine Jahrmarktsszene. Während vorn gezaubert und komödiantisch aufgespielt wird, schneidet hinten einer den Geldbeutel vom Gürtel eines Zuschauers ab. Und zwar ausgerechnet dem, der am meisten staunt, der sich am tiefsten von der Kraft des Spaßmachers verführen läßt.

Ich habe lange darüber gegrübelt, warum ausgerechnet Kurt Böwe, er, der doch also überhaupt nichts von einem Clown hatte, warum er zuletzt so vehement den Unsinn, den Spaß, den Unfug, die Freudesverpflichtung der Darstellerei nahezu predigte. Wahrscheinlich, weil er neben allem Augenzwinkern ahnte und dann wußte, daß aus seinem aktiven Leben merklich ein gültiges, also relativiertes Leben werden würde. Was bedeutet: Aller Sinn, der überschwenglich nach dem fragt, was wird, konzentriert sich auf das, was bleibt. Und der Mensch wird angesichts dessen etwas leiser.
Ich denke, auch deshalb war der Komödiant ein bißchen glücklich mit seinen Büchern, die zum richtigen Zeitpunkt entstanden; sie haben ihn noch einmal auf eine sehr intensive Weise hin zu seinem Publikum gebracht, im Vorlesen auf Augenhöhe war er in seinem Element, da war er das Gesamtkunstwerk Kodi, und da hat er oft und gern vom Schweigen des Herrn Paul erzählt, und natürlich konnte er mit gutem Gewissen vom Schweigen reden – weil er vorher ausgiebig und wunderbar schwadroniert hatte. Bei solchen Gelegenheiten war er noch einmal ganz groß der Verführbare, der den Zuschauern entgegenschwebt, sein Publikum volkssüchtig in die Arme holt, und da blitzte stets auch das noch größere Glück dieses Mannes auf – jenes Glück, das dieser Mann mit seiner Ehefrau Heidemarie hat: Die ihm als einzige auch mal die Flügel festzubinden vermag, auf denen er davonfliegt; sie allein (und kein Regisseur dieser Welt!) ist es, die ihn mit Liebe von jenem Bad an der Rampe in eine würdige Beherrschung zu zwingen vermag.
Ja, die Wiedergewinnung seines Publikums von der Bühne aus schien Böwe mit dem Verlust des Landes, das ihn als Künstler und Sozialwesen hervorgebracht hatte, schwierig zu werden. Er hat es früh empfunden.
Andreas Dresen drehte »Stilles Land«, einen DEFA-Film mitten in der Wendezeit, Kinder wurden von der Dreh-

atmosphäre angelockt, sie wollten ein Autogramm von dem kräftigen Manne, der augenscheinlich der Star des Unternehmens war. Böwe hatte kein Foto von sich dabei, also schrieb er eine Widmung auf irgendeinen Zettel. Dresen konnte entziffern, was Böwe da unter die Widmung schrieb: Günter Strack. Ein wenig erschrocken fragte er den Schauspieler, warum er das getan hatte. Kurt Böwe grinsend: »Freuen sich die Eltern. Wer kennt in dieser Zeit schon einen Böwe.«

Hier hat er sich, wenn auch nicht in der Einschätzung der Zeiten, so doch letztlich in seinem Publikum geirrt. Zum Glück. Und wenn Sie, Herr Ministerpräsident Stolpe hier davon sprachen, Böwe habe sich nicht zur »Ikone des Staates DDR« machen lassen, so ist das richtig, aber es gibt Zusammenhänge, aus denen sich der Mensch und sein Werk nicht herauslösen lassen. Kurt Böwe zu ehren, seine menschliche Kunst geradezu zu beschwören, sie aber von diesen Zusammenhängen trennen zu wollen, geht nicht. Wenn in diesen Tagen der Gedanke in die Öffentlichkeit kommt, den Babelsberger Hochschulnamen Konrad Wolf zu streichen, so mag das einer unernsten Stammtischlaune oder einer noch geringer zu veranschlagenden Motivation geschuldet sein – die Gefühlslage, die dahintersteckt, ist sehr real, und sie hat mit dem zu tun, was dieser Böwe wie ein letztes knorriges Exemplar zu verkörpern wußte, was nicht sehr lupenrein in neue Deutungshoheiten von Geschichte und Sozialpsychologie paßt, und was bedauerlicherweise zur neueren deutsch-deutschen Erkenntnis geführt hat: Die Mauer ist weg, nun trennen uns nur noch Welten.

Diesen wunderbaren Menschen hat die Natur auf einen Weg geschickt, um zu beweisen, daß sie ihre wahren, lebendigen Wunder auf halbem, unvollendetem Wege vollbringt. Aus dem Bauernkind wurde kein Bauer, aus dem Wissenschaftler wurde kein Professor, aus dem Schauspieler wurde kein Virtuose. Aber was für ein großartiger Kerl. Ich habe diesem Menschen wunderbare Stunden zu verdanken. Ein überbordend flunkernder und funkelnder Erzähler; wer als Journalist mit ihm sprach, war sich der Wirkungen bewußt, deren Teil man nun sein durfte: Er schrieb von überallher Berge von Postkarten, manchmal nur ein Satz, ein Trinkspruch, ein Gedankenfetzen aus trotziger Lebensfreude oder ausschwingender Melancholie. In den letzten Telefongesprächen aus dem Krankenzimmer: diabolisch unnachsichtige Absagen ans Theater – aber rund ums Bett die neuesten Bücher und frischesten Rezensionen. Ich denke, er war bei diesen Telefonaten nur im ersten Anschein froh, wenn man seine Versuche, das Theater als unwichtig abzutun, bestätigte. Aber wie soll einem auf Dauer Absage an die Bühne gelingen, wenn man mit ihm spricht! Kaum hatte man also angesetzt, diesen »Unfugladen Theater« (Böwe) nur ein ganz klein wenig zu verteidigen, brach der Komödiant wieder durch, und auch er sang wieder das Lied des Auftritts und des glücklichmachenden Beifalls. Seelenkraft, die Spiel wollte.

Als Kurt Böwe vor einigen Jahren gegen den Krebs zu kämpfen begann, sagte er in einem Gespräch, an einen Gedanken Erwin Strittmatters erinnernd: »Sterben ist die größte Verwandlung. Wer das einmal erahnen mußte, muß bei jeder Verwandlung fortan den Tod mitdenken.« Er sagte dies mit der Verve des Schauspielers, dem kein Text einen so großen Schrecken einjagt, daß er ihn nicht zu seinem eigenen machte – aber er sagte es auch wie ein Kind, das im Wald pfeift. Und dann deklamierte er mit gnadenloser Sentimentalität jenes Gedicht, das ein Angestellter der Sparkasse ihm, dem Abiturienten in Kyritz »an der Knatter« 1949 zugeeignet hatte, weil er fand, Böwe gehöre auf eine Bühne, und überall, wo er später auftrete, möge er theaterliebenden Menschen doch bitte dieses Gedicht aufsagen. Böwe hat es in seinem Leben ausgiebig getan (obwohl die beste Interpretation nicht von ihm, sondern vom Schauspielfreund Dieter Franke stammen soll). Das Gedicht endet:

Letzter Akt! Die letzte Szene!
Abgeblendet! Sterbeszene!
Und erlöst von allem Harme
nimmt der Tod uns in die Arme.
Gongschlag! Ende! Vorhang fällt!
Das war unsre Welt!

Stille jetzt? Nein, Applaus, Applaus.
Gestatten Sie, daß ich Ihnen zum Schluß einen Brief vorlese. Er hat mit Fontane zu tun, des Schauspielers geliebtem Dichter, und er deutet auf rührende Weise, was es mit diesem Geheimnis von Kunstausübung und deren Wirkung auf die Lebenskunst zu tun hat. Kurt Böwe erhielt diesen Brief nach einer Lesung.
Sehr geehrter Herr Böwe,
als ich am Montag, dem 16. November 1997, um 10 Uhr morgens in meiner Zwei-Zimmer-Wohnung hier in Chemnitz aufwachte, wurden mir zwei Dinge schmerzlich bewußt. Zum einen, daß ich gerade erst ins Bett gegangen war, zum anderen, daß dies wohl der langweiligste Tag in meinem Leben werden würde.
Doch ich hatte mir das ja selbst zuzuschreiben. Schließlich war ich es ja selbst gewesen, der gelesen hatte, »Kurt Böwe liest Fontane« – in der Leipziger Moritzbastei. Und ich selbst hatte ja meine Großmutter nach Leipzig eingeladen – und dies, ohne daß es einen offiziellen Grund gegeben hätte (so was wie Weihnachten oder Ostern oder Pfingsten). Ich wollte meiner Großmutter eine Freude machen, einfach nur so, weil ich ihr lange keine Freude gemacht hatte, und sie nahm meine Einladung an, und sie sagte, für sie wäre das wie Weihnachten und Ostern und Pfingsten zusammen.
Sie müssen wissen, meine Großmutter sieht Sie gern in den Filmen, und sie liebt Fontane über alles. Oft sagt sie »mein Fontane«, und den Trabant, der ihr vor einem Jahr gestohlen wurde, hatte sie »Theodor« getauft. Vor einigen Jahren, als ich jünger war und meine Großmutter oft bat, von früher

zu erzählen (ich hatte da meine Lieblingsgeschichten – zum Beispiel die von ihrer dicken Schulfreundin, die alle nur »Molch« nannten), las sie mir manchmal Fontane vor, und einmal waren wir sogar im Urlaub und fuhren Fontanes Wanderungen durch die Mark mit dem Trabant »Theodor« ab. Mich hat eigentlich immer nur ein Brief Fontanes fasziniert, der Brief, den er am Tag seines Todes schrieb. Ich habe nie verstanden, wie ein Mensch einen Brief schreiben und dann sterben kann.

Kurz, wir fuhren an diesem 16. November also nach Leipzig und trafen dort meinen Bruder. Er ist 24, vier Jahre älter als ich, und er läßt sich noch seltener zu Hause sehen als ich. Wir aßen in einem kubanischen Restaurant, und ich versuchte mir den Ausblick, da würde gleich ein alter Mann über einen noch älteren Mann vor einem Haufen alter Männer sprechen, mit Cuba libre erträglich zu trinken.

Ja, und dann waren wir in der überfüllten Moritzbastei, und dann standen Sie vor mir und waren überwältigt vom jubelnden Publikum und sahen aus, als hätten Sie sich auch gefreut, wenn nur zwei Leute gekommen wären. Und dann boten Sie meiner Großmutter den Stuhl an, den Sie nicht brauchten, und meine Großmutter sagte, das hätte sie sich nicht träumen lassen, und sie meinte das ernst, und ich merkte, daß da kein alter Mann liest und daß der Mann, von dem er redet, erst recht nicht alt ist. Und als wir nach der Lesung verschwanden, wußte ich, noch bevor sie es sagte, daß das einer der schönsten Tage meiner Großmutter gewesen war, und ich sah das auch so. Ich rauchte sogar eine Zigarette, obwohl meine Großmutter es nicht mag, wenn ich in ihrem Beisein rauche – in dem Moment war es ihr und mir ganz egal. Sie hat vor Jahren mal gesagt, ich würde eines Tages ihre Fontane-Bibliothek erben, und seit dem 16. November, einem stinknormalen Tag, den ich am liebsten verschlafen hätte, weiß ich, daß ich viel mehr erben werde, als nur ein paar Bücher. Obwohl ich nicht darüber nachdenken möchte, daß meine Großmutter sterben wird.

Herr Böwe, diesem Brief liegt ein Buch bei. Ich möchte es meiner Großmutter (sie heißt Marga Simon) schenken und Sie bitten, ein paar Worte hineinzuschreiben. Bitte schicken Sie mir doch das Buch an meine Adresse in Chemnitz zurück. Ich werde versuchen, Ihnen das Porto zu erstatten. Sollte es Ihnen nicht möglich sein, nehmen Sie das Buch bitte als Geschenk an, wenn auch als wenig einfallsreiches. Denn wer läßt sich schon gern sein eigenes Buch schenken?
Ich würde mich freuen, von Ihnen zu hören.
Herzlichst
Tim Jánszky, Chemnitz.
Ich denke, jemand, der einen solchen Brief bekommt, ist ein glücklicher Mensch gewesen.

RUTH WERNER

Ihr autobiographischer Bericht »Sonjas Rapport« wurde in der DDR ein Bestseller. Ruth Werner starb am 7. Juli 2000 im Alter von 93 Jahren. In der Feierhalle des Friedhofs Berlin-Baumschulenweg sprach ihr Schriftstellerfreund Eberhard Panitz zu rund 300 Trauergästen.

Eberhard Panitz
SIEBENTAUSENDZWEIHUNDERTNEUNZIG TAGE
UND NÄCHTE

Liebe Nina, lieber Micha und Peter, liebe Angehörige, Kinder und Kindeskinder der großen Familie, liebe Genossen und Freunde, Nachbarn und Gefährten!
Wir nehmen Abschied von Ruth Werner, laßt es uns in ihrem Sinne tun. Nichts wäre ihr fremder als eine Gloriole der Trauer oder ein Staatsakt, der heute wahrlich nicht für Menschen wie sie zur Debatte steht. Auch dumpfes Gedenken, Versinken in Schmerz und Betrübnis hätte sie nicht gewollt, immer und bis zuletzt ging lebhafte Anregung und Ermutigung von ihr aus, intensive Teilnahme an allem, was um sie her und weit in der Welt geschah. Sorgen und Ängste, selbst in schier ausweglosen Situationen, die sie zu bestehen hatte, Befürchtungen und Zweifel auch angesichts der jüngsten Zeitereignisse schlugen bei ihr nicht in Verzweiflung um. Gelähmt war sie, als vor einem Jahrzehnt geschah, was geschah, ein paar Momente zu lange, wie wir alle, doch niedergedrückt oder untergekriegt hat sie die Niederlage nicht. Es war still um sie geworden, still ist sie aus dem Leben gegangen, doch es würde sie freuen, könnte sie sehen, wie viele in dieser Stunde des Abschieds noch einmal zu ihr gekommen sind – ich denke, weil sie so war, wie sie war, aus Achtung und Liebe für sie und ihre Bücher.
»Was für ein erstaunlicher Mensch ist Ruth Werner!« schrieb Jürgen Kuczynski, ihr drei Jahre älterer und drei

Jahre vor ihr verstorbener Bruder über sie und verwies auf ihr Leben als Kommunistin, illegale revolutionäre Kämpferin und als Schriftstellerin mit allen Höhen und Tiefen. »Und nun«, so empfand er es, als sie vor mehr als einem Vierteljahrhundert »Sonjas Rapport« schrieb, »berichte noch einmal und sehr ausführlich und vergiß auch nicht ganz dein persönliches Leben dabei ...« Oft, in ihrer Nähe, jedoch nicht bei den allerletzten Begegnungen, schien es so, als wolle sie die eigene Befindlichkeit hinter anderen, uns gerade bedrängenden Fragen, Problemen und Menschen zurückstecken. Mit einem Lächeln, das auch spöttisch und grimmig sein konnte, wenn es arg kam, ging sie über allzu dreiste Zudringlichkeiten hinweg. Anderer Leute Beschwernisse und Freuden nahmen sie in einer Weise gefangen, daß es oft nicht dazu kam, daß sie von sich sprach, obwohl es da noch vieles zu sagen gegeben hätte, das nun unausgesprochen bleibt, trotz der unverlierbaren Erinnerungen an Jahre und Jahrzehnte, die sie hier in unserer Mitte war und wir ihre warme Menschlichkeit, Freundschaft und Mütterlichkeit, darf ich sagen, lebhaft zu spüren bekamen. Und trotz ihrer Bücher, die davon durchpulst sind und mehr als ihre sonstigen Auskünfte von ihr verraten, wenn auch nicht alles.

Erstaunlich – und dieses Staunen erhellt selbst die Trauer –, eine Frau wie nur eine Frau, der die Familie, Eltern, Geschwister, der Mann und die Männer und Kinder, später die Enkel und Urenkel sehr, sehr viel bedeuteten, deren Blick aber schon früh in ihrem Leben und noch in den letzten Jahren und Wochen weit hinaus über den häuslichen Horizont und von Stadt und Land ging, in die Welt und auf das Weltgeschehen – und nicht nur als Betrachtende und von fern Kommentierende. Sie war jung verheiratet, ging mit ihrem ersten Mann, einem Architekten, nach Shanghai, gerade 22 Jahre alt, bald schwanger mit dem ersten Kind, und entschloß sich zur illegalen revolutionären Arbeit als Angehörige der Roten Armee, zum Kundschafterdienst für

die Sowjetunion. Zwanzig Jahre wurden daraus, das sind – siebentausendzweihundertneunzig höchst gefährdete Tage und Nächte gewesen, in denen sie im Verborgenen focht, samt ihrer Familie allen erdenklichen Bedrohungen ausgesetzt, in Asien und dann in Europa gegen Faschismus und Krieg.
An Richard Sorges Seite war sie zuerst in China, in der Schweiz gehörte sie zum Kreis des legendären Rado, in England gab sie die geheimen Forschungsdaten von Klaus Fuchs über den Bau der Atombombe an die Sowjetunion weiter – eine Tat, deren Bedeutung für unser aller Schicksal bis zum heutigen Tag noch nicht bis ins Letzte faßbar ist. Bei einer unserer letzten Begegnungen in diesem heißem Frühsommer, als sie schon körperlich schwach, doch geistig hochwach und an allem interessiert wie eh und je war, den Erinnerungen sich weiter als sonst öffnete, kam sie darauf zu sprechen, erzählte, was sie noch in »Sonjas Rapport« verschwiegen hatte. Sie nannte es »Glück«, wie auch anderes in den ereignisreichen Jahren, die für sie kein Ende nahmen, daß es solange gut ging und sie unentdeckt, fast unbehelligt von jeglichem Irrwitz dieses waghalsigen Jahrhunderts davongekommen war, das sie durchschritten, durchkämpft hatte, schließlich heimgekehrt 1950 in die ein Jahr zuvor gegründete Deutsche Demokratische Republik.
Dieser Tage konnte man darüber in den heute gängigen Zeitungen Erstaunliches lesen, das ich erwähnen möchte, weil ich mir ihr Lächeln bei der Kenntnisnahme solcher Sentenzen vergegenwärtige. Während die großen englischen Zeitungen wie *Times*, *Guardian* und *Independent* in großen Artikeln mit Fotos, die teils sogar in Südafrika nachgedruckt wurden, auch russische Zeitungen, noch einmal ihr Leben und Wirken von ihrer Warte aus ziemlich objektiv skizzierten, reichte es hierzulande meist nur zu mageren Kolumnen mit gewundenen, peinlichen Floskeln, wenn man nicht totale Ignoranz wie das deutsche Fernsehen, mit Ausnahme einer Sekundenmeldung in einem der Ostsender, übte. Eine

Berliner Zeitung schrieb allen Ernstes unter der Überschrift »Allein ans andere Ufer«: »Eine Kommission (der deutschen Sektion des Schriftsteller-PEN-Klubs), die sich mit der Stasi-Spitzelei einzelner Mitglieder befaßt hatte, sah in der ›antifaschistischen Spionage‹ von Ruth Werner kein Diskussionsthema.« Eine andere Hauptstadtzeitung gab kund: »Ruth Werners ungewöhnliches Schicksal hat vor allem in »Sonjas Rapport«, stellvertretend für eine ganze Generation ›abtrünniger‹ Intellektueller (natürlich ist die Abtrünnigkeit vom Kapitalismus gemeint), einen gleichsam heroischen Ausdruck gefunden.« Und der *Spiegel* reihte sie auf 25 Zeilen hinter Walter Matthau und Begum Yvette Aga Khan pünktlich in sein Sterberegister am vergangenen Montag ein, wobei der ihr im Jahre 1937 von Kalinin verliehene Rotbannerorden schändlicherweise in einen Kriegsbannerorden verwandelt wurde, gekoppelt mit dem Nachsatz: »In der DDR genoß sie Heldenstatus.« Ihr, die ihr sie kennt, wißt, wie viele auch hintergründige Facetten ihr Lächeln bei dergleichen Gerede haben konnte.

Zum Heldenstatus hat sie das Ihrige gültig gesagt: »Nach meiner Erfahrung löst sich im täglichen Leben jeder Held in einen normalen Menschen auf.« Und als ihr das Gewese nach dem Erscheinen und der Kenntnisnahme ihrer Biographie zuviel wurde, fertigte sie eine Interviewerin herzlich, kühl und sachlich ab: »Wie die Leser auf mein Leben nach »Sonjas Rapport« reagieren? Sie kannten mich bereits als Schriftsteller, seit dem »Rapport« sehen sie einen Helden in mir; aber niemand wird verlangen, daß ich einen Helden in mir sehe. Das wäre ja geradezu dumm. Der Kampf gegen Faschismus und Krieg war für uns selbstverständlich, damals schloß er Illegalität und Gefahr mit ein. Das war der Alltag für uns. Man sucht sich die Zeit, in der man lebt, und die Umstände, unter denen man kämpft, ja nicht aus. Für mich war es ein Glück, daß ich als Kommunist aktiv arbeiten konnte. Sonst wäre ich in der schweren Zeit moralisch kaputtgegangen.« Wenn das ein Heldenstatus in unserer

vorerst beiseitegetretenen, verlorenen Welt und ihrer Hoffnungen war und ist, dann bitte, ihr käme er zu.
Es tut gut, in dieser Stunde daran zu erinnern, wie es wirklich war mit ihr, wie mit einer Schriftstellerin und erstaunlichen Frau zu DDR-Zeiten umgegangen wurde. Mancher von uns war dabei, hatte zuvor Ähnliches erlebt, aber das doch nicht. »Bei der zweiten Signierung von ›Sonjas Rapport‹ reichten die Exemplare, diesmal tausendzweihundert Stück, nicht aus«, schrieb sie an ihre Schwester Reni in England, die jetzt hier unter uns ist. Es ist kaum zu beschreiben, diszipliniert und geduldig stand eine Menschenmenge an, eine Stunde und länger und dann enttäuscht, weil nur ein Exemplar pro Person ausgegeben wurde. Du kennst ja die Buchhandlung, Reni. Ein Verkauf in der unteren Etage war unmöglich, die Schlange wand sich um alle Stände. Keine Sensationslust. Wie die Menschen mich ansahen, so was von Achtung und Liebe, ich muß sagen, ich war tief gerührt. Es war nach meiner schlimmen Krankheit fast zuviel, ich fühlte mich halb im Himmel, wo ich demnächst ganz sein werde. Ein Glück, daß es nicht schon jetzt geschah. Len war nicht da, aber mein guter Junge, Peter, wachte über mich, schleppte mich fast mit Gewalt zu einer Pause von vier Minuten und dann nach Haus, brachte mich sozusagen ins Bett, bereitete etwas zu essen und verschwand erst, als er sicher war, ich schloß die Augen – und nicht für immer.«
Das war im November 1977 und wohl das einzige Mal, als sie vom Himmel sprach und nicht nur das Blau und die Wolken hoch oben meinte, etwa über den Seen um Carvitz, ihrem Lieblingsort mit ihrem kleinen Traumgehäuse der Schriftstellerjahre. In einer ihrer mir liebsten Erzählungen, »Ein Sommertag«, hat sie mit den Augen eines Kindes, wohl ihres eben erwähnten jüngsten Sohnes, diese Liebe verewigt, die wahrlich keine andere oder gegenteilige Seite ihres Wesens ist. Mit sanftesten Sätzen, die ihr zu Gebote standen, wie auch die schärfsten, wenn es um die Schänder der

Menschheit, von Kultur und Natur ging, beginnt die Geschichte: »Andreas liegt am Abhang und hält die Augen geschlossen. Erst hat er darüber nachgedacht, wo er sich ausruhen soll. Dicht am Ufer des Sees ist es schön. Dort kann er die Vögel beobachten, die auf flachen Steinen stehen, und er kann die Fische aus dem Wasser springen sehen. Aber oben auf dem Hügel ist es auch schön. Weit reicht der Blick über den See. Sogar die alte Mühle von Tarnow, der man im Krieg die Flügel ausgerissen hat, kann er in der Ferne erkennen, Andreas hat schließlich die Mitte des Hügels gewählt. Dort ist eine flache Wiese in den Abhang geschnitten, und er rutscht beim Liegen nicht so leicht talwärts. Am liebsten würde er zum See hinunterlaufen und baden. Er möchte der andere Mensch sein, der man nach dem Schwimmen ist: leicht, kühl und glücklich ...«
Merkwürdigerweise mochte ihr Verlag damals diese Geschichte zuerst nicht, vielleicht weil sie nicht ganz dem Bild entsprach, das man sich nach den bis dahin von ihr veröffentlichten Büchern und überhaupt von ihr gemacht hatte, und so lockte ich sie für dieses eine Mal zu einem anderen Verlag, wo ich damals Lektor war. Sowieso hatte sich zwischen uns eine wunderbare Gegenseitigkeit eingestellt, einer las des anderen Buch, sobald die letzte Seite geschrieben war, und die Gespräche mit ihr darüber gehören zu meinen kostbarsten Erinnerungen. Bis sie mir das Manuskript des Erzählungsbandes »Der Gong des Porzellanhändlers« zu lesen gegeben hatte, wußte ich da noch nichts Bestimmtes von ihrem ersten Leben vor ihrem zweiten Leben, dem der mir gegenwärtigen Schriftstellerin. Nun waren es mehr als Ahnungen über jene abgründigen Jahre, als ich mit ihr und Len, ihrem Mann, den Spanienkämpfer und Gefährten in der Schweiz und in England, darüber sprach, der ja wie sie und dazu noch die Kinder in Umrissen trotz aller Verfremdungen darin erkennbar wurden. Überrascht las ich später, als der Verlag anläßlich ihres 75. Geburtstages einige Selbstzeugnisse und Briefe von ihr

veröffentlichte, welche Bedeutung auch sie diesen Gesprächen beimaß, etwa den Bedenken zur Erstfassung der großartigen »Muhme Mehle« und ihre resolute Reaktion darauf, wovon sie den Schwestern sogar hinüber nach England berichtete: »Die Geschichte ist zu unvollkommen, wie sie jetzt ist. Da ich Eberhard zustimmen mußte und Lust darauf habe zu verbessern, bin ich nun eifrig dabei ...«

Ich glaube, es war für sie noch einmal ein besonders freudiger Augenblick, als sie vor wenigen Wochen, zu ihrem 93. Geburtstag, einen Neudruck gerade dieser Erzählung in den Händen halten konnte, den der Spotless-Verlag herausgebracht hatte, wie schon vor drei Jahren den »Gong des Porzellanhändlers«. Das sind die einzigen Werke von ihr, die nach 1990 in deutschen Landen noch einmal neu erschienen sind. Anders in England, wo eine von ihr noch um ein Kapitel erweiterte Übersetzung von »Sonjas Rapport« veröffentlicht worden ist, auch in China, wo erst kürzlich dieses Buch in einer hohen Auflage herausgekommen ist. Angemerkt sei hier nur, wie sie mir kommentarlos vor zehn Jahren berichtete, daß sie von ihrem Berliner Verlag, der weit über eine Million Exemplare ihrer Bücher herausgegeben hatte, allein über 300 000 von »Sonjas Rapport«, die Autorenrechte an ihren sämtlichen Werken mit der Bemerkung zurück erhielt, es bestünde kein Bedarf, keine Nachfrage mehr – so wie für die Bücher vieler, nahezu aller Autoren der DDR.

Sie hat nicht resigniert. Ich weiß nicht, ob sich in ihrer Schublade nun noch etwas findet, was sie in den letzten Jahren geschrieben hat, um uns im nachhinein zu überraschen. Gesprochen hat sie davon nicht und gar strikt bestritten, daß sie noch ans Schreiben dächte, damit sei nun endgültig Schluß. Desto mehr fesselte, erregte und erfreute oder ärgerte sie, was andere schrieben, noch mehr als früher war sie am Schaffen ihrer Freunde interessiert – und überhaupt an Büchern. Noch bis in die letzten Monate und Wochen war ihre Leseneugier extrem, und oft geschah es,

daß sie mir zum Abschied ein Buch in die Hand drückte oder es bestellte, selbst verpackte und die Adresse und die liebenswürdige Weisung dazu schrieb: »Falls du das noch nicht kennst, mußt du es lesen! Und dann kommst du; und wir reden darüber.«
Das letzte Buch, das sie mir gegeben hatte, war ausgelesen, ich wollte mich aufmachen zu dem Gang zu ihr, obwohl ich wußte, daß es ihr seit April und Mai nicht gut ging und ihr die wenigen Schritte, selbst zur Tür, recht schwer fielen. Nun erreichte mich die Nachricht von ihrem Tod, und ich werde ihr nicht mehr in ihrem Haus am Plänterwald gegenübersitzen und mit ihr über Bücher und alles in der Welt reden. Aber kann ein Gespräch mit einem solchen erstaunlichen Menschen enden?
Ruth Werner würde lächeln, ich glaube zu wissen, wie. Sie hat auch dazu das Ihrige gesagt: »Mir wäre es, marxistisch-wissenschaftlich gesehen, nicht möglich, an eine Ewigkeit zu glauben. Außerdem ist für mich unser Leben so groß und vielfältig, interessant und lebenswert, daß ich keinen Gedanken an die Ewigkeit brauche. Ich betrachte mein kurzes Leben auch nur als Teil des Lebens der gesamten Menschheit. Vor uns waren Generationen, es folgen Generationen. Mein Ziel ist es, daß die Menschen auf der Erde besser und glücklicher werden. Deshalb bin ich Sozialist.«
Ein kurzes, ein langes, ein reiches, ein schwieriges, ein ermutigendes, ein kämpferisches, ein nachdenkliches, ein erfülltes – ein erstaunliches Leben! Wir danken Dir für Deine Nähe, Deine Herzlichkeit, Offenheit, Freundschaft und Liebe und was Du uns gesagt, geschrieben und gegeben hast. Und was Du getan hast, um alles in der Welt!

MAX BAIR

Am 25. Juli 2000 starb 83jährig in Berlin ein Mann, den die Öffentlichkeit sowohl in der DDR, wie auch nach der Wende kaum wahrgenommen hatte, obwohl er von Egon Erwin Kisch literarisch porträtiert wurde, als er dem jungen Tiroler Bergbauern im Spanien des Bürgerkriegs begegnete. Er wurde als Max Bair geboren, und gestorben ist er als Dr. Martin Jäger. Die Stationen seines ungewöhnlichen Lebensweges beschrieb sein Grabredner, der Vorsitzende des Interessenverbandes der ehemaligen Teilnehmer am antifaschistischen Widerstand, Fred Dellheim.

Fred Dellheim
MARTIN ODER AUCH MAX

Liebe Liesl, liebe Brigitte und Claudia, liebe Angehörige, liebe Kampfgefährten und ehemalige Kollegen, liebe Freunde und Genossen von Martin oder auch Max!
Wir haben uns heute zusammengefunden, um Abschied zu nehmen von einem aktiven Zeitzeugen des 20. Jahrhunderts, von einem außergewöhnlichen Menschen mit einem wohl einmaligen Lebensweg, in dessen Verlauf kein geringerer als der »Rasende Reporter« Egon Erwin Kisch dem Zwanzigjährigen begegnete und ihn literarisch verewigte.
Sicher wäre Martin schon mit diesen meinen Worten nicht einverstanden. War er doch sein Leben lang bescheiden und zurückhaltend, redete nicht oder nur nach beharrlichem Nachfragen über sich selbst.
Es ist heute und hier gar nicht möglich, Martins Lebensweg gebührend zu würdigen.
Als Max Bair wurde er vor 83 Jahren in einer streng katholischen Familie geboren, die eine kleine Bergbauernwirtschaft in Tirol betrieb. Mit drei Jahren bereits verlor er seine Mutter. Von schöner und geborgener Kindheit konnte keine Rede sein. Kisch hat sie so beschrieben:

Die drei Bair-Kinder gingen nach Matrei in die Schule. Maxl lernte am besten, nicht nur am besten von seinen Geschwistern, sondern auch am besten von allen Schülern. Der Lehrer hätte es gern gesehen, daß der Bair-Max studieren gegangen wäre an die Lehrerbildungsanstalt nach Innsbruck. Aber es war ja kein Geld da für so etwas. Da hat der Lehrer mit dem Pfarrer gesprochen und der Pfarrer mit dem Bair-Vater, er, der Pfarrer könnte dem Jungen einen Freiplatz im Priesterseminar verschaffen. Auch darauf konnte der Vater nicht eingehen, weil er die Kinder ja zur Arbeit brauchte ... Der Maxl hat schon vom vierten Lebensjahr an gearbeitet, Holz getragen, gemolken, »aber vom sechsten Jahr,« sagt Max, »hab ich schon Arbeiten gemacht, die Kinder erst mit zwölf Jahren machen sollen, Holz sägen, kochen, waschen, buttern«. Selbstverständlich konnte ihn der Vater nicht entbehren.

Vielleicht, sicher sogar, ist diese von Kisch beschriebene Blockierung der noch kindlichen Lernbegierde, dieser ungestillte Wissensdurst eines Zweiklassenschülers die Erklärung für seinen lebenslangen Drang sich Wissen, immer mehr Wissen auf die einzige Weise anzueignen, wie man es erwerben kann, nämlich durch Lernen.

Mit 13 muß er die Schule verlassen. Als er 16 ist, stirbt der Vater. Mit 18, nunmehr volljährig, muß er die ganze Verantwortung für den ihm vererbten, kaum lebensfähigen Hof übernehmen. Das war 1935. Als notwendige zusätzliche Einkommensquelle gewährt er Kost und Logis an Straßenbauarbeiter, die an der Brennerpaß-Straße ihr Leben fristen und mit denen er ins Gespräch kommt. Es waren junge Arbeiter, die als österreichische Sozialdemokraten an den Februarkämpfen 1934 in Wien teilnahmen, die sich jetzt »revolutionäre Sozialisten« nannten und die mit ihren Überzeugungen, wie Martin später schrieb, »meinem Denken eine neue Richtung gaben«. Sie erzählen ihm auch von dem Krieg in Spanien, wie sich dort die Republik gegen den faschistischen Putsch Francos zur Wehr setzt, und von den Kämpfern der Internationalen Brigaden, die die Solidarität mit den Verteidigern der jungen Republik nach Spanien gerufen hat. Kisch beschreibt die Situation, wie sie zu viert auf Maxens Hof um einen Tisch herum saßen, wo sie illegale Zeitungen Österreichs lasen und von der Sowjetunion und von Spanien redeten:

»Zu den Internationalen Brigaden«, wurde plötzlich eine ganz leise und langsame Stimme laut. Danach sprach keiner etwas. Nachdenklich saßen sie um den Tisch, das Wort »Internationale Brigaden« war in ihnen wie eine Sehnsucht. Eine unerfüllbare Sehnsucht, denken sie. Es geht doch nicht, einfach zum Schalter zu gehen und eine Fahrkarte zu lösen, dritter Klasse von Matrei nach Guadalajara. Selbst wenn man Geld hätte, geht das nicht. Der nächste Tag ist ein Samstag, wieder sitzen sie abends beisammen, die Arme haben sie auf den Tisch gelegt und schweigen. Sie schweigen alle das gleiche: »Internationale Brigaden«.

Wie nun Egon Erwin Kisch den Bair Max als Mitglied des österreichischen Bataillons »12. Februar« der Internationalen Brigaden in Spanien angetroffen hat, fragte er ihn, wie auch andere, wie er denn hergekommen sei. Er sei einfach mit der Bahn nach Paris gefahren und von dort hergekommen wie alle anderen, hat ihm Max geantwortet. Er habe also Geld gehabt, fragt Kisch weiter. »Geld hab ich keins gehabt«, kriegt er zur Antwort, »ich hab meine Küh verkauft, um herzufahren.«

Tatsächlich hatte sich Max Bair im kleinen Tiroler Wipptal entschlossen, seine drei Kühe, die Graue, die Moltl und die Schwarze, zu verkaufen, um mit dem Erlös für sich und seine drei Kameraden die Reise nach Paris zu finanzieren, wo ihnen dann geholfen wurde, den Weg nach Spanien zu finden. Kisch hatte festgestellt, daß viele der Kameraden mit denen er sich unterhalten hatte, für die Fahrkarte nach Spanien irgend etwas veräußern mußten. »Aber – Kühe!« schreibt er, »daß jemand seine Kühe verkauft, damit er in Spanien gegen den Faschismus kämpfen könne ...!« Das hat

den welterfahrenen Reporter so beeindruckt, daß er der Geschichte, die er darüber schrieb, die Überschrift gab: »Die drei Kühe«.
Bei den Kämpfen vor Quinto wird Max Bair im August 1937 schwer verwundet. Er hat davon nie viel Aufhebens gemacht, aber von Kisch ist zu erfahren, das ein Offizier und vier Mann während einer Erkundung vor den eigenen Linien unter Beschuß gerieten.
Der Offizier und drei Männer sind tot, den vierten Mann der Patrouille trifft ein Explosivgeschoß in die Hüfte, zerschmettert sie, nachdem es vorher den Stiel seiner Handgranate durchgeschlagen und das Holz ins Fleisch hineingetrieben hat. Dieser Mann, der sich zwischen den vier Toten vor Schmerzen krümmt, ist der Max.
Ein ganzes Jahr lang mußte er in einem Lazarett verbringen. Dort lernte ihn Egon Erwin Kisch kennen. Nach einem längeren Genesungsaufenthalt in Frankreich beginnt Anfang 1939 in der Sowjetunion ein neues Kapitel im Leben des Max Bair. Es geht noch immer darum, ganz gesund zu werden, aber vor allem will Max endlich auch einen Beruf erlernen. Er wurde Schlosser.
Nach dem Überfall Hitler-Deutschlands auf die Sowjetunion wollte Martin an vorderster Front kämpfen. Doch für ihn galt es zuerst, in einem wichtigen Rüstungsbetrieb in Tscheljabinsk zu arbeiten und sich dann auf den Einsatz in seiner Heimat, in Österreich, für den Kampf gegen den Faschismus vorzubereiten. Nach einem abenteuerlichen Flug von Moskau über Odessa und Rumänien landete er in einem von Partisanen befreiten Gebiet in Slowenien. Dort organisierte er die Aufstellung eines Bataillons österreichischer Antifaschisten und Patrioten, darunter auch von den Partisanen gefangen genommene österreichische Soldaten der deutschen Armee. Als Kommandeur führte er sie kämpfend in seine nahe österreichische Heimat.
Martins Streben nach Wissen und Bildung war ungebrochen, und er nahm sich vor, nun endlich die Matura, bei uns

Abitur genannt, nachzuholen. Es gelingt ihm 1947, einen Nachfolger für seine politische Funktion als Obmann der Kommunistischen Partei in seiner Tiroler Heimat zu gewinnen. Und wieder folgt ein für sein Leben einschneidender Verkauf. Er veräußert seinen Hof, diesmal um den Besuch einer Mittelschule in Wien zu finanzieren. Sein Vorhaben, als über Dreißigjähriger dort an einem Gymnasium die Matura zu erlangen, wird von manchem belächelt und viele raten ihm ab. Nicht aber Liesl Morawitz, die er in Wien bei einer Tanzveranstaltung kennenlernt. Sie mußte von 1941 bis 1945 Gestapohaft, Gefängnis und das Konzentrationslager Ravensbrück erleiden. Sie kann sich heute noch erregen, wenn sie davon erzählt, wie »fuchsteufelswild« sie auf die war, die ihm diesen Schritt ausreden wollten. Martin schrieb selbst, daß zweieinhalb Jahre mühseliger, entbehrungsreicher, harter Arbeit notwendig waren, um das Ziel, die Matura, zu erreichen. Aber er schaffte es. Und zu Liesl entwickelte sich eine Beziehung, die zu einer über 50 Jahre währenden Ehe, zu zwei Töchtern führte und nunmehr zu vier Enkeln, zu denen er zeitlebens ein liebendes und vertrauensvolles Verhältnis hatte – er war stolz auf sie und glücklich darüber, daß seine Töchter Haltungen und Überzeugungen entwickelten, die seinem Denken entsprachen.
1950 übersiedelte Max Bair mit seiner Frau Liesl in die DDR, wo ihm die Möglichkeit geboten wurde, ein Hochschulstudium zu absolvieren.
Jetzt nannte er sich – oder man nannte ihn – Martin Jäger. An der Verwaltungsakademie Forst Zinna erlangte er den Grad eines Diplomwirtschaftlers und begann 1952 mit einer 25 Jahre anhaltenden Tätigkeit in der Staatlichen Plankommission der DDR. Er übte verschiedene Funktionen als Gruppenleiter, Abteilungsleiter und Leiter wichtiger Projekte aus. Und immer noch strebte er die Vervollkommnung seines Wissens an. Er absolvierte eine wissenschaftliche Aspirantur und promovierte 1959 zum Dr.

rer. pol. mit cum laude, er beschäftigte sich mit der Kybernetik und ihrer Anwendung bei der Planung.

Wer in der Wirtschaft, vor allem im Bereich der Industrie, tätig war, wird sich vorstellen können, welche Belastung er mit den Verflechtungsbilanzen Ende der 50er Jahre zu tragen hatte, weiß um die notwendigen Mühen der Vorbereitung und Einführung der elektronischen Datenverarbeitung, vor allem in den 60er und 70er Jahren. Als Leiter des Rechenzentrums der Staatlichen Plankommission war er sich der zunehmenden Bedeutung und der Möglichkeiten der EDV bewußt. Er verstand es, junge hochgebildete Absolventen, vor allem auch Mathematiker, in die Arbeit einzubeziehen, sie zu fördern und immer mehr Verantwortung zu übertragen, so daß er beim Eintritt in den Ruhestand die Leitung seines Bereichs in die Hände solch jüngerer Menschen übergeben konnte.

Ruhestand ist wohl aber nicht das richtige Wort. Martin engagierte sich in der Tätigkeit der Leitung der Arbeitsgemeinschaft ehemaliger Spanienkämpfer, wo er maßgeblich an der Erfassung und Auswertung von Dokumenten über den Kampf der Internationalen Brigaden in Spanien und dem Aufbau des Archivs tätig war. Es ging ihm darum, Erfahrungen an nachfolgende Generationen zu vermitteln.

Sein Tod überraschte uns alle. Er verursachte Schock und schmerzliche Trauer, nicht nur bei Liesl, seinen Töchtern und Verwandten. Wenn es einen Trost gibt, dann den, daß der Tod so plötzlich eintrat, mitten beim Zeitunglesen, daß er offensichtlich auch nach Meinung der Ärzte davon gar nichts verspürte. Um so schlimmer für Liesl, die dabei war, und der wir unser tiefes Mitgefühl zum Ausdruck bringen. Wir alle werden ihn vermissen.

Max Bair, Martin Jäger, wir danken Dir.

Inhaltsverzeichnis

Gedenken und Gedanken 5
Johannes Bobrowski (Stephan Hermlin) 9
Brigitte Reimann (Helmut Sakowski) 11
Ernst Busch (Konrad Wolf) 21
Paul Wiens (Günther Rücker) 27
Dieter Franke (Eberhard Esche) 31
Anna Seghers (Hermann Kant) 40
Heinrich Böll (Günter Wallraff) 43
Hermann Axen (André Brie) 51
Gerhard Riege (Gregor Gysi, Helmut Ridder) 56
Petra Kelly (Jörg Zink) 66
Hans-Joachim Hoffmann (Hermann Kant) 74
Karl Kohlhaase (Wolfgang Kohlhaase) 77
Heiner Müller (Alexander Kluge, Stephan Hermlin) 80
Ruth Berghaus (Hans Pischner) 90
Alfred Hirschmeier (Wolfgang Kohlhaase) 97
Rio Reiser (Peter Möbius, Alfred Buß) 100
Joachim Wohlgemuth (Helmut Sakowski, Klaus
    Höpcke) 107
Robert Kündiger (Karl Gass) 115
Heiner Carow (Angelica Domröse) 118
Stephan Hermlin (Klaus Wagenbach, Stefan Heym,
    Günter Gaus) 121
Rudolf Bahro (Jochen Kirchhoff) 133
Ralf Kirsten (Rudi Jürschik) 140
Ulrich Schamoni (Norbert Schneider, Wolfgang
    Kohlhaase) 146
Gerhard Scheumann (Klaus Wischnewski) 153
Gerhard Gundermann (Heinrich Fink) 164
Rolf Ludwig (Eberhard Esche) 171
Kurt Böwe (Hans-Dieter Schütt) 176
Ruth Werner (Eberhard Panitz) 191
Max Bair (Fred Dellheim) 199

Rechtsnachweis
Wir danken den Verfassern der Reden für die freundliche Genehmigung zum Abdruck und folgenden Verlagen:
Klaus Wagenbach Verlag Berlin (für die Reden von Klaus Wagenbach und Stephan Hermlins Rede für Johannes Bobrowski); Dietz Verlag Berlin GmbH (für Konrad Wolf) sowie der Zeitschrift Theater der Zeit (für Alexander Kluges und Stephan Hermlins Reden für Heiner Müller)

ISBN 3-360-00945-2
© 2001 Das Neue Berlin Verlagsgesellschaft mbH
Rosa-Luxemburg-Str. 39, 10178 Berlin
Umschlagentwurf: Ulrike Haseloff, unter Verwendung eines Fotos von Hans Praefke
Druck und Bindung: Kösel, Kempten